**AGÊNCIAS REGULADORAS
e
PARTICIPAÇÃO POPULAR**

1541

M423a   Mastrangelo, Claudio
         Agências reguladoras e participação popular / Claudio Mastrangelo. – Porto Alegre: Livraria do Advogado Ed., 2005.
         165 p.; 16x23 cm.
         ISBN 85-7348-387-3

         1. Agência reguladora. 2. Poder regulamentar. 3. Agência reguladora: Controle. 4 . Participação social. I. Título.

         CDU – 35.078.2

         Índices para o catálogo sistemático:
         Agência reguladora
         Agência reguladora: Controle
         Poder regulamentar
         Participação social

         (Bibliotecária responsável: Marta Roberto, CRB-10/652)

Claudio Mastrangelo

AGÊNCIAS REGULADORAS
e
PARTICIPAÇÃO POPULAR

livraria
DO ADVOGADO
editora

Porto Alegre 2005

© Claudio Mastrangelo, 2005

Capa, projeto gráfico e diagramação de
Livraria do Advogado Editora

Revisão de
Rosane Marques Borba

Direitos desta edição reservados por
Livraria do Advogado Editora Ltda.
Rua Riachuelo, 1338
90010-273 Porto Alegre RS
Fone/fax: 0800-51-7522
editora@livrariadoadvogado.com.br
www.doadvogado.com.br

Impresso no Brasil / Printed in Brazil

À minha amada Tatiana.

À minha estimada mãe, Ângela Maria.

*Aos meus queridos filhos
Cláudia, Daniel, Caroline e Thiago.*

Sumário

Apresentação – Fábio Medina Osório 9
Introdução 19
Parte I – A Regulação 23
  1. A Noção de Regulação 23
  2. A Regulação no Direito Comparado 25
  3. As Agências de Regulação no Brasil 29
  4. A regulação dos serviços públicos no Brasil 32
  5. Os serviços públicos e o princípio da dignidade da pessoa humana. A questão da suspensão dos serviços públicos por inadimplemento do usuário 34
  6. O Princípio da Solidariedade 42
  7. A universalização dos serviços públicos: meta permanente da regulação . 45
Parte II – O Regime Jurídico das Agências de Regulação de Serviços Públicos no Brasil 49
  1. A questão de sua constitucionalidade 49
  2. A necessária autonomia: a forma autárquica 52
  3. A direção por colegiado: mandatos fixos e incoincidentes 56
  4. A autonomia financeira 61
  5. O (des)cabimento dos contratos de gestão 63
  6. O regime jurídico dos servidores 66
  7. Funções das Agências Reguladoras 67
    7.1. Poder normativo 67
    7.2. Poder de fiscalização 70
    7.3. Poder de aplicar sanções e de compor conflitos (mediação e arbitragem) 71
Parte III – A Legitimidade Democrática das Agências 81
  1. Introdução 81
  2. Os interesses tutelados 82
    2.1. A proteção em relação ao Poder Público 84
    2.2. A proteção em relação aos concessionários 85
    2.3. A proteção ao usuário: o acesso ao serviço e à livre concorrência . . 86
  3. Os riscos de captura 88
    3.1. A captura pelo Poder Público 89

    3.2. A captura pelos agentes regulados 91
 4. A constitucionalização e a democratização da administração pública . . . 93
 5. A participação popular e a cidadania 97
 6. A participação nas funções legislativa, judicial e administrativa 101
 7. A processualização: a democratização na tomada de decisões 103
 8. Objeções à participação popular 112
 9. Instrumentos de participação popular 115
    9.1. Consulta pública 116
    9.2. Audiência pública 118
    9.3. Os procedimentos de participação popular na ANATEL 123
    9.4. Os procedimentos de participação popular na ANEEL 124
    9.5. Um déficit de participação 129

Parte IV – O Controle sobre as Agências 133
 1. Introdução 133
 2. Controle pelo Poder Executivo 133
 3. Controle Pelo Poder Legislativo 134
 4. Controle pelo Tribunal de Contas 135
 5. Controle pelo Ministério Público 136
 6. Controle pelo Poder Judiciário 137
 7. Controle social 139
    7.1. Ouvidorias 141
    7.2. Convênios 141
    7.3. Órgãos institucionais de defesa dos consumidores 142

Conclusão 145

Referências bibliográficas 153

Indice alfabético remissivo 161

Apresentação

É uma honra, motivo de orgulho, haver recebido o convite para tecer algumas considerações preliminares à obra de Claudio Domingos Mastrangelo Coelho, Professor de Direito Administrativo, Procurador de Justiça no Rio Grande do Sul, genuíno "Magistrado" do Ministério Público, para ficarmos com a referência histórica dos franceses, berço do *Parquet* brasileiro, autoridade imparcial, vocacionada à fiscalização da lei e da Administração Pública, paradigma de qualidade no que faz e gosta de fazer, profissional de diálogo e abertura aos pontos de vista eventualmente divergentes.

O autor é efetivamente reconhecido por seu talento e pela qualidade de seus trabalhos, sendo uma das mais importantes referências intelectuais do Ministério Público gaúcho, onde sempre granjeou a admiração de colegas de todos os degraus da carreira, sem falar no respeito que lhe devotam Magistrados, Advogados e demais operadores do Direito. Trata-se, pois, de pessoa avalizada, por sua trajetória pessoal e funcional, a incursionar em temas espinhosos na área do Direito Administrativo, com o respaldo da experiência e do conhecimento especializado, não apenas fruto de formação acadêmica, mas decorrente de vivências profissionais e intelectuais voltadas aos setores disciplinados por esse ramo jurídico, circunstância cada vez mais rara nos dias que correm, eis que emergem teóricos que desconhecem o chão onde pisam, ou práticos que ignoram a legitimação que os sustentam.

É claro que a escolha do tema já diz muito do caminho percorrido pelo teórico do Direito. Num universo dominado crescentemente pelo lixo informativo e pela abundância das obviedades, a seleção do objeto de estudos conta para aquilatar a visão do autor em termos de prioridades e de vocação aos desafios. A presente obra, de modo marcante, insere-se entre os projetos que buscam descortinar novos horizontes, enfrentando desafios dos quais a maioria dos juristas costuma fugir. Esse mérito, por si só, já revela a utilidade social dos estudos ora trazidos à baila, denotando uma postura que merece aplauso e reconhecimento, na medida em que se contrapõe à produção de mero "papel", repetição enfadonha de afirmações e juízos de valores abarcados pelo "lugar-comum" da fala jurídica, fenômeno lamentavelmente crescente e já sufocante.

Não se está a dizer que um discurso envolvendo a temática das "Agências Reguladoras" seja, pelo objeto eleito, automaticamente criativo ou inovador, penetrante nos problemas ou nas redundâncias, mesmo porque já existe uma literatura considerável, crescente e de boa qualidade sobre essa temática, o que não raro pode esvaziar espaços de criatividade ou inovação, dando lugar a discursos menos impactantes e ambiciosos.

Vale recordar de incursões notórias como as de Diogo de Figueiredo Moreira Neto, Marcos Juruena Villela Souto, Luis Roberto Barroso, Alexandre de Aragão, sem falar na expansão dos Manuais e Cursos que tratam do assunto com maior ou menor desenvoltura, destacando-se as abordagens de Maria Sylvia Di Pietro, Lúcia Valle Figueiredo, Odete Medauar, entre muitos outros mencionados no trabalho ora prefaciado.[1]

Lembre-se, ainda, do Direito Comparado, onde, tanto na cultura continental-européia quanto na cultura anglo-saxônica, origem dessa espécie de Gestão Pública, as Agências têm desafiado uma gigantesca literatura jurídica, e uma jurisprudência intensa, que se debruçam sobre seus mais variados aspectos, suscitando problemas e conexões com outros discursos, adentrando, inclusive, o campo da Teoria Política.

Basta lembrarmos das contribuições de Sabino Casesse,[2] na Itália, ou de Ramón Parada,[3] na Espanha, sem falar nos franceses, bem

---

[1] Tive a honra de participar e aprovar, com nota máxima, a dissertação de mestrado de GUERRA, Sérgio. *Controle Judicial dos Atos Regulatórios*. Rio de Janeiro: Lumen Juris, 2005, na Universidade Cândido Mendes/RJ, trabalho orientado pelo Prof. Dr. Marcos Juruena Villela Souto, envolvendo precisamente o temário em exame, trabalho manejado pelo autor da obra ora prefaciada.

[2] CASSESE, Sabino e FRANCHINI, Claudio. *I garanti delle regole*. Il Mulino. Roma. 1996.

[3] Para uma visão crítica, questionando inclusive a constitucionalidade desses novos organismos, em face de sua suposta independência perante o Governo, dentro de uma determinada concepção de repartição de Poderes, veja-se PARADA VÁZQUEZ, José Ramón. *Derecho Administrativo*. Vol.I (Parte General), 8a edición; Vol.II, 10ª edición, Madrid: Marcial Pons, 1996.

representados por Martine Lombard,[4] que trata, em seu Curso, das autoridades administrativas independentes. No Direito Inglês e no Direito Norte-Americano, não haveria necessidade de mencionar literatura sobre o tema, porque o Direito Administrativo nasce, pura e simplesmente, com tais organismos, ora designados como *Quangos*, na Inglaterra, ora como *Agencies*, nos Estados Unidos, sempre dotados das mais variadas atribuições, espelhando uma forma concreta de gestão pública descentralizada, da qual nasce aquilo que se designa como *Administrative Law*. Em todo caso, convém recordar das obras de H. W. R. Wade e C. F. Forsyth,[5] além de Galligan[6] e tantos outros, para avaliar os rumos daquilo que designamos como Direito Público na cultura anglo-saxônica.

Sem dúvida, a literatura sobre o assunto em foco é abundante, mas se percebe, desde logo, e este um primeiro aspecto digno de destaque, um manejo adequado, farto e correto da bibliografia e jurisprudência pelo autor, mercê, certamente, de seu talento, esforço e da segura e qualificada orientação do Prof. Dr. Juarez Freitas, que compartilha méritos pela empreitada intelectual aqui retratada.

Explorar as correlações necessárias entre Democracia e Agências Reguladoras, propondo caminhos interessantes nesse projeto tão complexo quanto enigmático - a construção das Democracias é um projeto enigmático em muitos sentidos - afigura-se como um nicho intelectual sempre carente de aprofundamentos em numerosas direções. Não há dúvidas de que os regimes democráticos supõem conteúdos e formas bastante distintas, consoante as culturas onde inseridos. A Democracia é um projeto em constante e permanente aperfeiçoamento, com oscilações, retrocessos, mudanças de rumo e ajustes necessários. O poder emana do povo e este o exerce através de ferramentas inerentes à Democracia, como forma de legitimá-lo, entre as quais situa-se o sufrágio universal e secreto, mas também outras tantas alternativas que vêm sendo desenvolvidas e que merecem destaque.[7]

---

[4] LOMBARD, Martine. *Droit Administratif*, 2ª ed. Paris: Dalloz, 1998.
[5] WADE, H. W. R. and FORSYTH, C.F., *Administrative law*, seventh edition, Clarendon Press, Oxford, 1994.
[6] GALLIGAN, Denis J. (editor). *A Reader on Administrative Law* (Oxford Readings in Socio-Legal Studies) Oxford University Press, Jul 1996.
[7] A propósito, vale lembrar da clássica obra de SARTORI, Giovanni, *Elementos de Teoría Política*, Madrid: Alianza, 1999.

É precisamente entre as alternativas que devem ser articuladas no aprofundamento do regime democrático que Mastrangelo situa o novo papel das Agências Reguladoras, numa perspectiva crítica e construtiva, propondo a idéia geral segundo a qual tais organismos aportam novos conteúdos e sentidos à Democracia brasileira, numa dimensão inédita ao Poder Executivo brasileiro, que desconhecia tais espécies de organismos – em suas feições atuais - até fins do século XX.

As Agências traduzem níveis intensos de uma singular descentralização da Administração Pública. O autor aprofunda seu olhar e aponta aberturas à cidadania dentro dessas novas estruturas administrativas, mais descentralizadas, independentes e autônomas, técnicas e imparciais. Assim, além de as Agências representarem uma reconfiguração do próprio Poder Executivo, tornando-o mais democrático, pela descentralização e pelos novos critérios de legitimação técnica, resulta importante valorizar a participação da cidadania diretamente nesses novos atores institucionais, reforçando a linha de dimensionamento democrático das Agências, eis outro dos pilares que sustentam o discurso do autor.

É claro que os problemas jurídicos que emergem e vêm emergindo em torno às Agências dizem respeito, em suas origens, à Teoria Política, porque envolvem o princípio da divisão de Poderes e seus novos conteúdos, bem assim dúvidas e perplexidades sobre balizamentos constitucionais e legais outorgados a esses entes. Sem embargo, ao fixar o foco central no aumento da densidade do regime democrático, porque o povo poderia participar com mais intensidade da Administração Pública brasileira, a partir das aberturas inerentes a esse processo de consolidação das Agências, e porque haveria melhores espaços à técnica comprometida com ideário de eficiência, desloca-se o debate para um centro gravitacional de altíssima relevância, carente de intervenções cada vez mais fundamentadas e criativas.

Qual o contexto democrático das Agências Reguladoras? A crise do Estado brasileiro é fundamentalmente uma crise de gestão pública, mais do que uma crise histórica ou estrutural decorrente da falência dos mecanismos de financiamento do Estado, é dizer, uma crise que está mais ligada a problemas de má gestão pública do que a assuntos relacionados às dívidas externa e interna, à falta de investimentos privados internacionais ou dificuldades no mercado internacional, embora, evidentemente, estes e outros tantos fatores tenham impacto significativo. O problema nuclear de nosso país diz respeito à gestão pública e suas disfunções históricas, culturais e institucionais.

A crise de gestão se manifesta em todas as Instituições democráticas, sem dúvida, com raízes culturais e históricas comuns, daí sua abrangência impressionante, porque atinge todos os Poderes de Estado e todas as instituições públicas. Trata-se de constatar seu ápice no Poder Executivo, que é encarregado de formatar e implementar as políticas públicas de atendimento à cidadania *lato sensu*, dotado dos meios materiais para satisfazer as demandas da sociedade e os direitos constitucionais que reclamam prestações estatais. O Poder Executivo, em todas suas esferas e nas principais instâncias, não funciona ou funciona muito aquém das expectativas legítimas do meio social, o que equivale a dizer que a Administração Pública nacional ostenta altos índices de déficit de qualidade e eficiência. Daí a razão de ser da crescente expansão teórica de abordagens em torno aos mecanismos de eficiência na Administração Pública, interligando o Direito Administrativo, a Ciência da Administração e outras disciplinas do conhecimento humano em busca de resultados.[8]

A crise de gestão do Estado brasileiro – em especial, do Poder Executivo - tem raízes diretas na perversa lógica de distribuição de cargos públicos nos primeiros escalões da União, dos Estados e Municípios, onde há poucos cargos concursados[9] e muitos cargos em confiança, sempre ao abrigo da lógica política de partilhamento dessas fatias do setor público, a partir de arranjos eleitorais ou partidários,

---

[8] Vale mencionar o trabalho de LÓPEZ GONZÁLEZ, Enrique. Una aproximación de la ciencia dela administración al análisis conceptual del principio de eficacia como guía de acción de la administración pública. *Documentación Administrativa*, n. 218-219, p. 67-96, abr./sep. 1989.

[9] No tocante aos cargos concursados, cabe notar que não há critérios de eficiência suficientemente fortes nem na seleção, menos ainda na manutenção dos servidores, de modo que até mesmo outros Poderes, como o Judiciário, valorizam publicamente os cargos em confiança, como se estes pudessem assegurar o passaporte rumo à eficiência. Em realidade, tanto os concursados quanto os cargos em confiança padecem de vícios. Os primeiros são selecionados, não raras vezes, por métodos inadequados, e logo não são controlados de forma adequada. Os segundos são selecionados por critérios incontroláveis, desde o mérito pessoal, passando pelo nepotismo direto ou indireto, além dos critérios personalíssimos de amizade e companheirismo partidário, sem falar em outros fatores menos nobres. Cabe dizer que os quadros concursados, nesse contexto, ainda seriam melhores do que os cargos em confiança, porque representariam a impessoalidade administrativa e a chance de as políticas públicas conseguirem seqüência administrativa. Paradoxalmente, naquelas hipóteses em que os quadros concursados já se encontram absolutamente viciados e distorcidos, a recuperação desses recursos humanos é obra dificílima, de longo prazo, sendo mais interessante a renovação via cargos em confiança, os quais sempre podem ser demitidos livremente. Há, ainda, aqueles cargos em confiança que adquirem estabilidade informal nas funções, fruto de sua irrelevância para os interesses imediatos dos gestores de plantão, tais como faxineiras, motoristas, auxiliares de serviços gerais. Curiosamente, tais figuras podem adquirir estabilidade fática ao longo de muitos anos, ficando imperceptíveis aos olhos dos governantes.

cujas raízes indicam a necessidade de uma ampla reforma política no País, coibindo a expansão e o fortalecimento de ambientes patrimonialistas e clientelistas nefastos aos interesses sociais.

O aprofundamento da crise se opera nas conseqüências dessa metodologia patológica de distribuição dos cargos: descontinuidade administrativa, ruptura abrupta das políticas públicas, ineficiência crônica e sistêmica, entronizada nas instituições, e falta de comprometimento com os interesses do povo, em face da prevalência dos interesses de grupos ou partidos, na adoção de decisões ou execução de projetos. Daí a necessidade de discursos destrutivos e pouco solidários das oposições políticas, coincidindo com a angústia por projetos marcados pela pessoalidade administrativa, abandonando-se projetos da gestão anterior, por parte dos Governos, não importa de que origem ideológica ou partidária, regra geral, sejam eles. Essa crise gera déficit democrático, na perspectiva dos interesses da população representada pelos governantes.

Percebe-se que a má gestão pública ocasiona deterioração do regime democrático. Tanto quanto a corrupção, que abala os pilares da democracia, também a ineficiência endêmica causa semelhantes efeitos. E isto porque o povo não escolhe representantes para dar-lhes um "cheque em branco" ou para que possam gerir de modo temerário ou desonesto a coisa pública, a coisa que pertence ao povo, já o disse Eduardo García de Enterría, ao conectar democracia ao controle jurisdicional.[10]

Induvidosamente, se a população-cidadã esgotasse sua participação no sufrágio, perdendo a perspectiva dos controles e, sobretudo, as expectativas legítimas de eficiência e continuidade ininterrupta das boas políticas públicas, haveria uma fraude na captação de sua vontade eleitoral, porque ninguém escolheria representantes para que estes perpetrassem atos de traição, não importa se para obtenção de enriquecimento ilícito ou para favorecimento de amigos, grupos ou partidos, ou até mesmo para o culto à desídia. Onde as Agências podem aparecer como alternativa democrática de gestão? Onde representariam novos elementos de densidade do princípio democrático?

Não é tão simples conectar Democracia e o surgimento de novos organismos de descentralização administrativa, mas é viável e neces-

---

[10] GARCIA DE ENTERRÍA, Eduardo. *Democracia, Jueces y Control de la Administración*. 4ªed., ed. Civitas, Madrid, 1998.

sário efetuar esforço nesse sentido. Eis o cerne do problema. Para fortalecer o regime democrático, dada a imensidão de seus elementos reais e potenciais, não há uma alternativa que seja única e prevalente em relação às demais, inclusive no tocante ao objeto destas reflexões, é dizer, o Poder Executivo. Há um concurso de alternativas, que deveriam ser trabalhadas simultaneamente, desde as iniciativas pontuais na valorização dos técnicos, em combinação com os políticos, na gestão pública, até a reforma política para implementar uma nova lógica de distribuição de cargos, passando por uma imensa quantidade de outras medidas.

As Agências, seguramente, se inserem nesse cenário, de modo promissor, embora ainda incipiente. É claro que, desde logo, tais órgãos podem satisfazer parcelas importantes do déficit democrático decorrente da má gestão pública brasileira. E isto porque as Agências são órgãos técnicos, que devem orientar suas atuações por balizamentos racionais, pela continuidade e seqüência ininterruptas das políticas públicas, pela criação de um marco regulatório que privilegie a segurança jurídica e forneça, portanto, previsibilidade aos investimentos e ao desenvolvimento nacional.[11]

Não se pode ignorar que as Agências resgatam, em boa parte, e dentro de seus espaços, a idéia de Governo e Administração, idéia necessária nos Estados que hajam incorporado estágios weberianos de gestão e pretendam avançar rumo à Nova Gestão Pública. A valorização da técnica e dos critérios objetivos nas decisões administrativas resgata a parcela da cidadania que tem sido fraudada constantemente pela distribuição de cargos a partir de critérios pessoais, eventualmente espúrios, políticos ou partidários, priorizando atendimento exclusivo de demandas privadas em detrimento das necessidades públicas.[12]

---

[11] Pode-se dizer que as Agências são os organismos que melhores condições teriam de exercer a chamada "discricionariedade técnica", até mesmo porque tais espaços resultam conectados, via de regra, a garantias de imparcialidade reforçada. Sobre os pilares da discricionariedade técnica, sua controlabilidade e conexões com a imparcialidade administrativa, vale consultar CARIOLA, Agatino. Discrezionalità tecnica ed imparcialità. *Diritto Amministrativo*. Milano, v. 5, n. 3, p. 469-495, 1997.

[12] Muitas das disfunções estruturais da lógica política se refletem no Congresso Nacional, onde as demandas governamentais e sociais passam por filtros regidos por uma peculiar forma de entendimento e construção de espaços. Este tema veio bem retratado na obra de BEZERRA, Marcos Otávio. *Em nome das "Bases"*. Política, Favor e Dependência Pessoal. Rio de Janeiro. 1999. Ganha atualidade esse debate em face da chamada "crise de lealdade" dos partidos da base de sustentação dos Governos, sempre muito frágil e exposta a flutuações de origem fisiológica. De outro lado, não custa lembrar que a distribuição de cargos, para agradar partidos aliados,

Nessa realidade de má gestão pública, de desmantelamento da máquina administrativa e de perversa lógica política na compreensão do Estado, de seu formato, de suas reais atribuições e dos valores que lhe vinculam, as Agências apresentam potencialidades importantes, diretamente relacionadas ao regime democrático, embora não possam escapar à crise estatal como um todo, porque também serão uma face do próprio Estado.

A presente obra aponta conexões entre as Agências e o regime democrático, explorando problemas e desafios que se inserem num inédito arranjo institucional, a partir de influências anglo-saxônicas em todo o Direito continental-europeu, inclusive seus herdeiros – menos ortodoxos, é verdade –, como é o caso do Brasil. É certo que nada garante o êxito e a funcionalidade democrática das Agências, porque muito dependemos das estruturas humanas que serão destinadas a esses organismos. As ferramentas de controle sobre as Agências também são necessárias, tanto quanto o reconhecimento de prerrogativas, garantias e atribuições a esses órgãos. Tais aspectos constituem o núcleo dos desafios mais contundentes aos gestores do Estado brasileiro.

Considerando os cenários disponíveis, não parece haver, até o momento, um amadurecimento institucional que revele um horizonte certeiro pela frente. Se às Agências se vêm outorgando novos espaços, redefinindo-se, modo progressivo, o princípio de separação para o de divisão de Poderes, o da independência para o da interdependência de Poderes, só uma ampla reforma política, com o fortalecimento de novos métodos no Poder Executivo, poderá alçar as Agências ao patamar estável, técnico e transparente que o povo requer. E isto porque o Estado brasileiro carece de uma reforma política que pense o problema da gestão pública, circunstância que afeta todos os Poderes e instituições em geral, guardadas suas peculiaridades.

Não se pode ignorar que, a cada eleição e a cada mandato, o Governante, especialmente no plano federal, pode assumir iniciativas que, se não eliminam, arranham a legitimidade e as potencialidades das autoridades administrativas independentes, cerceando autonomias fun-

---

financiadores de campanhas ou grupos políticos ou econômicos, redundam no enfraquecimento da imparcialidade e eliminação da técnica como ferramenta de gestão. As Agências, como órgãos técnicos, ocupam, ou poderiam ocupar, um nicho importante de atuação, suprindo lacunas técnicas vitais à boa gestão pública, com imparcialidade e independência, pautando-se pela harmonia e pelo diálogo com os demais Poderes da República e com as instâncias políticas do Poder Executivo.

cionais concretas e espaços de atuação, ao abrigo das mais distintas estratégias e ferramentas de interferências.[13] Não há dúvidas de que tanto as autonomias, quanto os espaços a serem ocupados, são conquistados no plano normativo, mas, muito além e antes disso, o são, primordialmente, no plano político, a partir de uma nova lógica de relacionamento interinstitucional, onde o cidadão passe a ocupar o centro, não a periferia do debate, e onde haja respeito, pluralidade de espaços, e não a tentativa de interferências políticas na autonomia institucional de órgãos técnicos e nos círculos por eles ocupados.

Essas novas autoridades administrativas independentes estão, elas próprias, sob o foco fiscalizador de outras Instituições, inclusive do Poder Judiciário e do Ministério Público, sem falar nos Tribunais de Contas e nas especiais instâncias dos Poderes Executivo e Legislativo. Tal perspectiva significa, de plano, a necessidade de uma lógica argumentativa e decisória, nos atos regulatórios, sensível à realidade afetada pela atuação das Agências, com fundamentação ostensiva, rapidez e eficiência na resolução dos problemas, de modo a satisfazer os imperativos constitucionais e legais aplicáveis à órbita de competências desses organismos. A submissão das Agências a controles também indica a necessidade de que outras Instituições e Poderes entendam e respeitem os critérios técnicos defendidos pelos organismos reguladores, e os espaços por eles ocupados, porque, do contrário, a legitimidade seguirá o infindável percurso do deslocamento institucional, desembocando, em última instância, no Judiciário, que corre o risco, juntamente com atores essenciais à função jurisdicional, de tomar as rédeas das políticas públicas, com todos os encargos daí decorrentes, sob o pretexto de controlar poderes discricionários.

Estas observações preliminares, numa obra direcionada ao enfrentamento de problemas abrangidos no formato e funcionamento das Agências Reguladoras, externam apreço pela pessoa e admiração pela inteligência de Claudio Domingos Mastrangelo Coelho, cujo trabalho é de qualidade reconhecida. Sem embargo, este prefácio é resultado,

---

[13] É de se notar que as preocupações em torno à montagem dos quadros das Agências e o controle que sobre eles haverá é igualmente relevante. Também a composição desses organismos, em seu primeiro escalão, exige reflexões cuidadosas, na medida em que se percebe várias Agências cujos membros são, antes de técnicos reconhecidos e homologados por consenso político, autoridades nomeadas por Governantes de plantão, sem controle democrático plural, sem consenso com partidos de oposição e sem conhecimentos especializados na área. De modo que os problemas aqui também tomam vulto, exigindo discussões cada vez mais aprofundadas, em termos de diagnósticos de disfunções e eleição de novas alternativas.

sobretudo, de provocações que as idéias do autor lançam e animam no intérprete. E esta, precisamente, há de ser uma das missões fundamentais de quem se propõe a lançar suas idéias em obras jurídicas: fomentar provocações, reflexões e alternativas para resolução de problemas, tarefa sobejamente cumprida pelo autor, com pesquisas e reflexões pertinentes, com brilho e criatividade.

Porto Alegre, fevereiro de 2005.

Fábio Medina Osório

Doutor em Direito Administrativo pela Universidade Complutense de Madrid (UCM/CAPES). Mestre em Direito Público pela Universidade Federal do Rio Grande do Sul (UFRGS). Professor convidado dos cursos de mestrado e doutorado da UFRGS. Promotor de Justiça/RS.

Introdução

A escolha do objeto do presente trabalho decorreu do propósito de se abordar temática pertinente com as notáveis alterações experimentadas pelo Estado e suas conseqüências na Administração Pública.

À luz de tal critério, a preferência recaiu sobre a função das agências reguladoras de serviços públicos no cenário brasileiro, repercutindo modelo já adotado nos EUA e na Europa e que, mercê do advento da Constituição Federal de 1988, teve acolhimento na ordem jurídica pátria.

Nesse contexto, evidencia-se atraente o estudo do instituto, que se constituiu na pedra de toque de uma nova sistemática, porquanto, embora se abstendo da execução de serviços públicos, o Estado não se demite das prerrogativas e encargos inerentes a sua titularidade. Daí, o natural relevo do novel instituto, por meio do qual caberá ao Estado assegurar aos usuários-cidadãos o direito ao *serviço adequado*, sem perder de vista os direitos próprios do concessionário, mormente a preservação do equilíbrio econômico-financeiro do contrato. Naturalmente, coexistem direitos e interesses antagônicos e inconciliáveis, incumbindo às agências reguladoras separá-los, livrando-se, ademais, dos riscos de captura pelo Poder Público e pelo poder econômico, ostentado pelas concessionárias.

Por óbvio, o tema se demonstra abrangente e multifacetado, ensejando enfoques sob diversos aspectos, a impor preocupação inicial, no sentido de se delimitar o âmbito do estudo. Todavia, entre tantas questões que guardam pertinência com o momentoso instituto, interessou-nos examinar o papel da participação popular em seu funcionamento.

Consoante previstas em nosso ordenamento, as agências reguladoras constituem-se em marco de transição, de significado histórico, que não pode ser subestimado e, por isso, merece a especial atenção dos cientistas do Direito Público. De um lado, porque as agências reguladoras assinalam a implementação do chamado Estado mínimo, caracterizado pela redução de sua atuação nos domínios da atividade econômica. De outro, ademais, porque viabilizam a efetiva participação popular no aviamento de políticas públicas, ensejando concretizar princípios basilares, insculpidos na Carta Fundamental, máxime a *dignidade da pessoa humana*, a *solidariedade* e a *participação popular*.

No âmbito da Administração Pública, o prestigiamento da participação popular coincide com o alvorecer de um novo tempo, ainda não percebido por muitos, mas que introduz concepção moderna, no sentido de ensejar à cidadania uma posição ativa nas tomadas de decisão e no próprio controle sobre suas ações. A essa altura, o destinatário deixa de ser *espectador* e mero alvo para se constituir em *protagonista*, assumindo posição interativa com a Administração Pública.

Sem que se cogite de recusar a *supremacia* inerente à Administração Pública, introduz-se a participação popular como elemento fundamental para a efetiva concretização do interesse público. Embora distante de se presumir os equívocos de uma Administração Pública dirigida por *técnicos*, sem dúvida, já não se admite descartar a convergência das prioridades eleitas pelos administrados.

Ainda que o fenômeno ocorra em quadra onde afloram as mazelas da democracia representativa, tal não implica sua negação. Sem dúvida, há de se reconhecer as excelências da emergente democracia participativa, cuidando-se, porém, de preservar a *complementaridade* e a *coexistência* entre ambas.

Em face de tão complexo contexto, procuramos encaminhar nosso trabalho, no sentido de determinar a natureza das agências reguladoras de serviços públicos e demonstrar, à luz do ordenamento jurídico, os meios viáveis de participação popular para o seu exercício e aperfeiçoamento.

Assim, na Parte I, propusemo-nos a precisar o instituto da regulação, situando-o em sua gênese, na seara do direito econômico. Percorremos sua disciplina no direito comparado, desde as origens, nos EUA, até sua adoção no continente europeu, onde a atuação das agências reguladoras adquiriu maior amplitude. Em exame o instituto, no Brasil, destacamos sua utilização em várias atividades, detendo-nos na *regulação de serviço público*, objeto do presente estudo. Assentamos, então, sua relevância à própria implementação do princípio da dignidade da pessoa humana, na medida em que os serviços públicos se constituem em prestimoso fator de sua concretização. Nessa esteira, asseveramos que incumbe às agências reguladoras velar pela universalização dos serviços públicos, em atenção ao princípio da solidariedade, ensejando a participação popular.

Na Parte II, detivemo-nos no exame do regramento jurídico das agências reguladoras de serviços públicos no Brasil, partindo da premissa de sua constitucionalidade. A seguir, destacamos a opção pela forma autárquica, inerente a sua autonomia, ademais assegurada pelo mandato fixo e incoincidente de seus membros e pela atribuição de receitas próprias. Comentamos a extensão dos contratos de gestão às agências reguladoras, apontando o natural prejuízo a sua autonomia. Outrossim, preconizamos a conveniência de se adotar o regime estatutário com relação aos servidores das agências. Por último, comentamos os poderes conferidos às agências, com especial destaque ao poder normativo e ao poder de dirimir conflitos.

Na Parte III, ponto nuclear do estudo, inicialmente, destacamos os diversos - e, não raro, conflitantes – interesses envolvidos na relação de serviços públicos. Aduzimos, por outro lado, o inerente risco de captura, que assola a atividade de regulação, em especial, pelo próprio Poder Público e pelos agentes regulados, a justificar sua mais ampla autonomia. Observamos a constitucionalização experimentada pela Administração Pública, ao longo do século XX, culminando com a assimilação de princípios democráticos, que ensejam o incremento dos direitos à participação popular em sua organização e procedimentos, promovendo o administrado à condição de *cidadão*. Aduzimos o incremento da participação nas próprias funções dos poderes de Estado, sinalando que a repercussão mais significativa se operou na democratização das tomadas de decisões. Dessarte, notadamente a partir das constituições promulgadas no último quartel do século XX, tem-se implementado a efetiva participação do cidadão, denotando o avanço da consensualidade, em detrimento da imperatividade da Administração Pública, até então prevalecente. Embora reconhecendo os riscos da participação popular, preferimos acreditar na possibilidade de sua superação, mercê do prestigiamento de institutos que a tem entronizado no ordenamento jurídico brasileiro. Nesse passo, procedemos ao exame da consulta e da audiência pública, de uso já difundido na Administração Pública pátria e que, no âmbito das agências reguladoras, têm merecido notável acolhida. Observamos, porém, que a participação popular se tem demonstrado acanhada, lamentando-se a omissão de extensos segmentos da sociedade brasileira, que poderia contribuir para a efetivação do princípio da participação popular

Na Parte IV, ressalvamos que, inobstante sua imprescindível autoridade, as agências reguladoras se submetem a múltiplos mecanismos de controle, a principiar pelo controle interno, tradicionalmente exercido pelo Poder Executivo sobre suas descentralizadas. De par, acresce o controle externo, desempenhado pelo Tribunal de Contas, pelo Ministério Público e pelo Poder Judiciário. Todavia, arrematamos, é por meio do controle social que, efetivamente, ultima-se a participação popular, viabilizada, por exemplo, pela criação de ouvidorias nas agências, celebração de convênios e pela crescente mobilização de usuários, sob a feição de atuantes entidades associativas.

Sem o intuito de parecer original, o autor pretendeu seguir trilha inexplorada, inclusive na doutrina estrangeira, optando por deter-se no contributo que o cidadão poderá aportar à efetividade da atuação das agências. Assim, priorizou abordagem das densas potencialidades que a participação popular encerra, à luz do ordenamento vigente.

É compreensível que forças antagônicas se oponham à assimilação dos instrumentos inerentes à participação popular, sendo por isso imprescindível que a cidadania atue de forma consciente e organizada.

A matéria é momentosa e não se contém nos lindes do Direito Administrativo, desbordando para outros compartimentos do Direito Público. Não ignoramos que a riqueza do tema poderia ensejar abordagem mais profunda, à altura de sua relevância, não fossem nossas limitações. Ainda assim, estaremos satisfeitos se houvermos provocado a comunidade jurídica a uma reflexão mais detida e moderna sobre tema tão instigante, que, última análise, implica o fomento do próprio regime democrático.

Parte I
A REGULAÇÃO

1. A Noção de Regulação

O tema pressupõe a necessidade de se delimitar o conceito de *regulação*, desde logo se observando que o instituto radica nos domínios do direito econômico.

Ismael Mata conceitua a regulação como

uma política pública que consiste em uma restrição, ou interferência, nas atividades de um sujeito regulado por alguém (ente regulador) que não desenvolve ditas atividades e que estabelece as regras restritivas e controla o cumprimento das mesmas de forma continuada.[1]

Trata-se de atividade de *natureza eminentemente controladora*,[2] via da qual o Estado maneja instrumentos de intervenção, impondo "restrição à autonomia privada das escolhas acerca dos fins e dos meios".[3]

Por certo, os processos regulatórios não observaram idêntica evolução nos variados ordenamentos jurídicos. Aliás, se os próprios contornos do Estado Democrático de Direito apresentam diversificadas configurações, não poderia ser diferente no tocante aos instrumentos de que se utiliza nas relações com a sociedade.[4]

De qualquer sorte, ressai induvidoso o seu *sentido finalístico*, haja vista o pertinente conceito formulado por Vital Moreira, para quem a regulação se constitui no "estabelecimento e a implementação de re-

---

[1] MATA, Ismael. *Los entes reguladores de los servicios públicos*. El derecho administrativo argentino, hoy. Buenos Aires: Ciencias de la Administración, 1996, p.115. (traduzido).

[2] SOUTO, Marcos Juruena Villela. *Desestatização*: Privatização, Concessões, Terceirizações e Regulação. 4ª ed. Rio de Janeiro: Lumen Juris, 2001, p. 437.

[3] JUSTEN FILHO, Marçal. *O Direito das Agências Reguladoras Independentes*. São Paulo: Dialética, 2002, p. 30.

[4] ARAGÃO, Alexandre Santos de. *Agências Reguladoras e a Evolução do Direito Administrativo Econômico*. 2. ed. Rio de Janeiro: Forense, 2003, p. 54/59.

gras para a atividade econômica destinadas a garantir o seu funcionamento equilibrado, *de acordo com determinados objetivos públicos* (grifei)".[5]

Desde logo, assoma incontornável o mandamento de que a intervenção somente se legitimará quando direcionada à priorização do *interesse público*. Nesse diapasão, Gaspar Ariño Ortiz adverte que a intervenção do Estado no setor da economia deverá se proceder "sempre à luz do princípio fundamental do respeito aos direitos humanos e de sua garantia".[6]

Aliás, em face do ordenamento constitucional vigente, outro não pode ser o viés. Com efeito, sob pena de se fraudar expresso princípio fundamental, a dignidade humana deve nortear a utilização do instituto regulatório, porquanto somente se legitimará quando idôneo a alcançar a necessária repercussão social.

Conforme já se frisou, a regulação estatal teve origem na atividade econômica, com o escopo de suprir as deficiências e as insuficiências do mercado, assim caracterizando a chamada primeira "onda regulatória", de natureza exclusivamente econômica.[7]

Tal se desdobrou, já em pleno século XX, sinalando-se notáveis marcos jurídicos nesta fase, quais sejam a proliferação de agências reguladoras nos EUA dos anos 30 (o *New Deal*) e as Constituições alemã de Weimar (1919) e mexicana (1917), inovadoras no tratamento constitucional da matéria econômica.[8]

Sobreviria, porém, a segunda onda intervencionista, vocacionada à regulação social. A essa altura, já se verificara a insuficiência da regulação restrita ao âmbito econômico, eis que, embora adequado o funcionamento do mercado, remanesciam frustrados objetivos de notório interesse comum, como a insatisfatória redistribuição de renda e a falta de acesso a serviços públicos.[9]

A essa altura, o abstencionismo estatal preconizado por Adam Smith se evidenciava insuficiente para debelar as conseqüências sociais emergentes, ensejando o dirigismo econômico.

---

[5] *Apud* MENDES, Conrado Hübner. Reforma do Estado e Agências Reguladoras: Estabelecendo os Parâmetros de Discussão, p. 118, *In:* SUNDFELD, Carlos Ari (coord.). *Direito Administrativo Econômico*. São Paulo: Malheiros, 2000.
[6] FONSECA, João Bosco Leopoldino da. *Direito Econômico*. Rio de Janeiro: Forense, 1995, p. 194.
[7] JUSTEN FILHO, Marçal. *O Direito das Agências Reguladoras Independentes*. Op. cit., p. 32.
[8] MENDES, Conrado Hübner. Op. cit., p. 113.
[9] JUSTEN FILHO, Marçal. *O Direito das Agências Reguladoras Independentes*. Op. cit., p. 38.

Por isso, procede a síntese feliz de Marçal Justen Filho, para quem a regulação deve ser concebida como "um conjunto ordenado de políticas públicas, que busca a realização de valores econômicos e não econômicos, reputados como essenciais para determinados grupos ou para a coletividade em seu conjunto".[10]

2. A Regulação no Direito Comparado

As origens do instituto da regulação remontam, mais remotamente, à Inglaterra medieval, quando as autoridades se preocuparam em obrigar que os *common calling* (profissionais que ofereciam seus serviços às comunidades, mediante remuneração) prestassem seus ofícios, universalmente, tabelando os seus preços.[11] É certo, porém, que as chamadas agências reguladoras tiveram sua gênese nos Estados Unidos da América, constituindo verdadeiro marco no direito administrativo daquele país.

As agências norte-americanas apresentaram evolução ao longo de quase dois séculos, passando por cinco fases distintas, conforme demonstra a doutrina.

Em que pese algumas divergências, consta que as primeiras agências surgiram nos anos de 1839 e 1844, no âmbito do controle ferroviário. A propósito, tem-se que data dessa época a edição do marco inicial da regulação das *public utilities*, em face do caso *Munn versus Illinois* (1876), julgado pela Suprema Corte, que consagrou, sobretudo, o poder de regulação do Estado.[12] Nesse período inicial, ainda se tem como relevantes a criação das *ICC-Interstate Commerce Comission* e da *FTC-Federal Trade Comission*, destinadas a controlar condutas anticompetitivas de empresas monopolistas.

Em segundo estágio, que se prolongou de 1930 a 1945, observou-se drástica intervenção estatal na economia, como parte do *New Deal*, política introduzida pelo Presidente Roosevelt. Nos anos 30 e 40, foram criadas inúmeras agências destinadas à alteração na economia (*Food and Drug Administration-FDA, Securities and Exchange Comis-*

---

[10] JUSTEN FILHO, Marçal. *O Direito das Agências Reguladoras Independentes.* Op. cit., p. 40.
[11] MOTTA, Paulo Roberto Ferreira. *Agências Reguladoras.* Barueri: Manole, 2003, p. 54.
[12] Idem, p. 57.

sion-SEC, *National Labour Relations Board-NLRB* e *Social Security Administration-SSA*), gerando-se a primeira onda destinada à intervenção econômica.[13]

A terceira fase, entre 1945 e 1965, caracterizou-se pela edição do *APA-Administrative Procedural Act*, lei geral de procedimento administrativo, que imprimiu maior legitimidade ao processo de tomada de decisões. É quando se verifica a "segunda onda", caracterizada pelo escopo de se suprir falhas do mercado, mediante a instituição de agências relacionadas à proteção dos consumidores e à defesa do meio ambiente.[14]

No quarto período, que se desenrolou até 1985, o sistema regulatório foi afligido pelo problema da captura das agências reguladoras pelos agentes econômicos regulados.

A partir de então, o processo assumiu novos contornos, consolidando-se modelo regulatório independente, dotado dos controles externos adequados.

Se atentarmos ao direito europeu, temos que entidades similares às agências norte-americanas já principiavam a surgir há mais tempo, sendo certo, porém, que sua proliferação se verificou a partir da instituição da Comunidade Econômica Européia.

A essa altura, convém assinalar essencial diferença entre as *agências* e as *autoridades independentes*, que foram criadas na Europa, até porque a diversidade que vai caracterizá-las remonta à própria concepção acerca dos serviços públicos.

Nos Estados Unidos da América, historicamente, o Estado não se preocupou em "avocar a titularidade de uma dada atividade econômica, para que depois se delegasse a particulares o seu exercício em regime de Direito Público".[15] As atividades econômicas sempre estiveram por conta dos particulares, incrementando-se, gradativamente, sua regulação pelo Poder Público. Por isso mesmo, as agências reguladoras são bastante antigas no direito administrativo norte-americano, havendo quem afirme que a atividade regulatória lastreada em agências é a própria base do seu Direito Público.[16]

---

[13] JUSTEN FILHO, Marçal. *O Direito das Agências Reguladoras Independentes*. Op. cit., p. 79.
[14] Idem, ibidem.
[15] MENDES, Conrado Hübner. Op. cit., p. 119.
[16] MARQUES NETO, Floriano Azevedo. A Nova Regulação Estatal e as Agências Independentes. In: *Direito Administrativo Econômico*. São Paulo: Malheiros, 2000, p. 76.

Em contrapartida, na Europa, em especial a partir do modelo francês, o Estado assentou "regime exorbitante do Direito Privado a atividades que representassem um interesse público relevante".[17] Os serviços públicos sempre foram prestados pelo Poder Público, não raro, em regime de monopólio.

Em realidade, no continente europeu, a criação das autoridades independentes decorreu de peculiar situação. É que, em dado momento, a intervenção estatal começou a apresentar problemas, mercê da revolução tecnológica operada, especialmente, nas telecomunicações, bem assim em face dos crescentes litígios entre o interesse público e o interesse dos particulares, cujas soluções careciam de previsão nos ordenamentos jurídicos vigentes.[18]

No caso europeu, portanto, "emerge forte a discussão sobre uma *nova regulação*, especialmente marcada pela separação entre regulador e operador de serviços essenciais",[19] caracterizando situação diversa do direito norte-americano, onde não se registrou tal confusão.

Bem de ver, porém, que, mercê de peculiaridades, a Inglaterra já possuía, há mais tempo, agências reguladoras independentes, as quais principiaram a surgir no século XIX. Cada vez que se editava lei "para dar conta de determinado interesse público, era concomitantemente criado um órgão para implementá-la".[20]

Aliás, a criação de agências reguladoras ganhou incremento naquele país em decorrência do processo de desnacionalização e desregulação que, pioneiramente, coube-lhe empreender, no Governo Margaret Thatcher.

Entretanto, a expressão "autoridades independentes" seria utilizada, pela primeira vez, em 1978, quando a França criou a *Comission Nationale de L'Informatique et des Libertés*.[21]

Desde então, em especial, a partir de quando o "direito comunitário passou a regular a maior parte das relações econômicas e referentes à prestação dos serviços públicos nos países integrantes da União Européia", foram criadas inumeráveis instituições similares às agências norte-americanas.[22]

---

[17] MENDES, Conrado Hübner. Op. cit., p. 119.
[18] MOTTA, Paulo Roberto Ferreira. Op. cit., p. 75.
[19] MARQUES NETO, Floriano Azevedo. Op. cit, p. 76.
[20] ARAGÃO, Alexandre Santos de. Op. cit., p. 223.
[21] MOTTA, Paulo Roberto Ferreira. Op. cit., p. 76.
[22] Idem, p. 74.

Impende salientar, contudo, que, em alguns países, suas funções não se restringiam à regulação de setores econômicos ou de serviços públicos delegados. Foi o caso da França, onde se introduziram autoridades administrativas independentes que se dedicam à proteção de direitos fundamentais e de proteção dos cidadãos frente à Administração Pública.[23]

Igualmente, assim sucedeu na Espanha, porquanto as autoridades administrativas independentes "não se limitam à seara econômica, incidindo também sobre a proteção dos direitos fundamentais".[24]

É certo, porém, que tais entidades proliferaram no continente europeu, notadamente, em conseqüência do processo de desestatização que se fez sentir a partir do final dos anos 70.

Embora o evidente risco da simplificação, pode-se, a grosso modo, destacar que, em sentido geral, as autoridades independentes européias ostentam determinadas características comuns:

> criação por lei, nomeação dos dirigentes por atos supervisionados pelos Parlamentos, imposição de um regime de incompatibilidade aos dirigentes, contratação do pessoal administrativo por concurso público e dotação orçamentária própria.[25]

Por último, conviria registrar a experiência argentina, digna de especial menção, até porque foi imediatamente anterior ao processo brasileiro. No vizinho país, os "entes reguladores" foram introduzidos no bojo da maciça privatização empreendida no final da década de 80, que, significativamente, Muñoz qualifica como "um movimento simultâneo, abrupto e inusitadamente veloz".[26] Conforme Calcagno e Calcagno, "Es probable que el caso argentino resulte único en el mundo, tanto por la cantidad y calidad de las privatizaciones como por el breve lapso de tiempo en que fueron hechas". Concluem os articulistas que o amplo espectro de privatizações estabeleceu uma relação de dominação sobre a sociedade e o Estado,[27] o que justifica a modelagem dos

---

[23] ARAGÃO, Alexandre Santos de. Op. cit., p. 240.
[24] Idem, p. 249.
[25] PEREZ, R. Autoritá Independenti e Tutela dei Diritti. *Rivista Trimestrali di Diritto Pubblico*. Milano: n. 1, 1996 (115-185), p. 118, *apud* MOTTA, Op. cit., p. 77.
[26] MUÑOZ, Guillermo. Os Entes Reguladores como Instrumentos de Controle dos Serviços Públicos no Direito Comparado. *In: Direito Administrativo Econômico*. São Paulo: Malheiros, 2000, p. 146.
[27] CALCAGNO, Alfredo Eric y CALCAGNO, Eric. "Le Monde diplomatique". Junio 2004, ano V, número 60, p. 14.

entes reguladores argentinos. Em que pese dotados de natureza autárquica, com alto grau de especialização técnica e de seus servidores,[28] deplora-se a falta de garantias funcionais aos seus dirigentes, que lhes assegure a necessária autonomia em face da Administração centralizada.[29]

3. As Agências de Regulação no Brasil

De saída, cabe sinalar que a criação das agências reguladoras no Brasil, na segunda metade dos anos 90, não significa iniciativa pioneira. Com efeito, embora submetidos a regimes jurídicos específicos, vários órgãos e entidades da Administração Pública já vinham desempenhando funções análogas, em nosso país.

É o caso do *Conselho Monetário Nacional* (Lei n° 4.595/64), que se constitui em órgão do Ministério da Fazenda, dotado de relevantes competências regulatórias na esfera econômica, mas que, sem embargo, é dirigido por órgão colegiado de livre exoneração pelo Presidente da República, o que lhe compromete a autonomia.

Nessa seara, deve-se lembrar o *Banco Central do Brasil* (Lei n° 4.595/64), ente autárquico federal, que se subordina ao Conselho Monetário Nacional, além de que seus administradores são de livre nomeação e exoneração pelo Presidente da República, acarretando-lhe, por igual, notório prejuízo à autonomia.

Ainda na esfera econômica, destaque-se a *Comissão de Valores Mobiliários* (Lei n° 6.385/76), à qual se atribuem indiscutíveis misteres regulatórios e cuja eficiência, aliás, tem merecido encômios da doutrina.[30] Não obstante, tampouco se lhe pode creditar a autonomia inerente às agências reguladoras típicas. Sucede que, apesar de seus dirigentes ora ostentarem mandato certo, mediante aprovação do Senado Federal, vedada a exoneração *ad nutum* (Lei n° 10.303/01), ainda remanesce o cabimento de recurso administrativo externo para o Conselho de Re-

---

[28] DROMI, Roberto. *Empresas Públicas – De Estatales a Privadas.* Buenos Aires: Ciudad Argentina, 1997, p. 86.
[29] ARAGÃO, Alexandre Santos de. *Agências Reguladoras e a Evolução do Direito Administrativo Econômico,* p. 257.
[30] JUSTEN FILHO, Marçal. Op. cit., p. 336.

cursos do Sistema Financeiro Nacional, órgão do Ministério da Fazenda.[31]

Também merece menção o *Conselho Administrativo de Defesa Econômica – CADE*, criado como mero órgão administrativo, mas que, mercê da Lei n°8.884/94, foi alçado ao nível de autarquia, vinculada ao Ministério da Justiça, com a competência de prevenção e repressão às infrações contra a ordem econômica. Entretanto, apesar da autonomia que lhe é assegurada, não faltam os que lhe questionam a natureza de agência reguladora[32] ou, até mesmo, recusam-na, por desprovido de funções reguladoras.[33]

De par tais precedentes históricos, extrai-se que o surgimento das modernas agências reguladoras adviria da chamada Reforma Administrativa, que introduziu, entre nós, a dualidade de agências: as executivas e as reguladoras.

No tocante às *agências executivas*, à parte a polêmica que gerou sua inovação (art. 37, § 8° da CF), impende destacar que não são dotadas de competência reguladora, refugindo ao interesse do presente estudo qualquer aprofundamento a respeito.

Quanto às *agências reguladoras*, forçoso convir que, desde o início, faltou à Reforma Administrativa o traçado de seu regime jurídico, limitando-se o texto constitucional a referências a sua futura criação, especificamente, na área de exploração do petróleo (art. 177, § 2°, III, com a redação da EC n° 09/95) e de telecomunicações (art. 21, XI, com a redação da EC n° 08/95).

Ainda que se possa reconhecer a omissão na matriz constitucional, ressai induvidoso que o surgimento das agências reguladoras no Brasil é consecutivo à desestatização dos serviços públicos. Bem de ver, porém, que

> logo começaram a ser criadas agências reguladoras, não mais de serviços públicos, mas de atividades econômicas *stricto sensu*, que propiciaram um aumento da intervenção estatal sem precedentes nestes setores (por exemplo, a regulação da Agência Nacional de Saúde Suplementar-ANS sobre os planos de saúde privados).[34]

---

[31] ARAGÃO, Alexandre Santos de. Op. cit., p. 304.
[32] SUNDFELD, Carlos Ari. Introdução às Agências Reguladoras. *In: Direito Administrativo Econômico*. São Paulo: Malheiros, 2000, p. 21.
[33] ARAGÃO, Alexandre Santos de. Op. cit., p. 304/305.
[34] Idem, p. 267.

No âmbito federal, a essa altura, constam criadas as seguintes agências reguladoras:

1. Agência Nacional de Telecomunicações (ANATEL), instituída pela Lei nº 9.472, de 16.07.1997 (Lei Geral de Telecomunicações);
2. Agência Nacional do Petróleo (ANP), criada pela Lei nº 9.478, de 06.08.1997;
3. Agência Nacional de Energia Elétrica (ANEEL), criada pela Lei nº 9.427, de 26.12.96;
4. Agência Nacional de Saúde Suplementar (ANS), instituída pela Lei nº 9.961, de 28.01.2000;
5. Agência Nacional de Águas (ANA), criada pela Lei nº 9.984, de 17.07.2000;
6. Agência Nacional de Vigilância Sanitária (ANVISA), instituída pela Lei nº 9.782, de 26.01.90;
7. Agência Nacional de Transportes Terrestres (ANTT), instituída pela Lei nº 10.233, de 05.06.2001;
8. Agência Nacional de Transportes Aquaviários (ANTAQ), criada pela Lei nº 10.233, de 05.06.2001, e
9. Agência Nacional do Cinema (ANCINE), instituída pela Medida Provisória nº 2.228-1, de 06.09.2001.

A respeito, entre as tantas classificações que a doutrina preconiza, merece realce a que adota por critério a *atividade regulada*, donde temos as *agências reguladoras de serviços públicos* (como a ANEEL e a ANATEL), as *agências reguladoras de exploração de monopólios públicos* (como a ANP), as *agências reguladoras da exploração de bens públicos* (como a ANA) e as *agências reguladoras de atividades econômicas privadas* (como a ANVISA e a ANS).[35]

Como é intuitivo, o próprio caráter diversificado de tais agências tem acarretado heterogeneidade em seus regimes jurídicos, cujos lindes resultarão definidos na própria legislação.

Dentre tantos que se dispuseram a definir a agência reguladora, ora se adota o entendimento de Marçal Justen Filho, para quem a agência reguladora independente se constitui em

> autarquia especial, criada por lei para intervenção estatal no domínio econômico, dotada de competência para regulação de setor específico, inclusive com poderes de natureza regulamentar e para arbitramento de conflitos entre particulares, e sujeita a regime jurídico que assegure sua autonomia em face da Administração direta.[36]

---

[35] ARAGÃO, Alexandre Santos de. Op. cit., p. 290.
[36] JUSTEN FILHO, Marçal. Op. cit., p. 344.

4. A regulação dos serviços públicos no Brasil

À luz do Direito Administrativo clássico, os serviços públicos são de titularidade do Estado, embora sua execução possa ser outorgada a particulares. Mercê de sua relevância, porque atendem necessidades públicas, sua prestação se faz com base em regime de direito público, mesmo quando seja delegada a particular.

Todavia, na medida em que o liberalismo cedeu, dando lugar ao Estado do Bem-Estar (o *Welfare State*), verificou-se que o Poder Público ampliava sua intervenção, assumindo, modo crescente, atividades comerciais e industriais outrora reservadas à iniciativa privada.

Não há dúvida que o Estado Social experimentou período de formidável êxito e expansão, durante largo período, que medeia desde a 2ª Grande Guerra Mundial até o início dos anos 70. Viviam-se, então, os tempos do chamado "consenso social-democrático", prevalecendo o pensamento de Keynes, no sentido de que "o Estado deveria estar permanentemente intervindo na economia para manter o pleno emprego, mesmo que para isso fosse necessário emitir moeda sem lastro".[37]

Já a partir da década de 70, porém, o *Welfare State* principiava a sua derrocada, desde que se verificou a desproporção entre as demandas crescentes da sociedade e a insuficiente capacidade estatal para satisfazê-las.[38]

Aliás, mazelas que já despontavam no próprio plano dos Poderes de Estado, haja vista, por exemplo, a fragilização do Legislativo ante o fortalecimento do Executivo, que passava a concorrer na edição de atos normativos.[39]

O fenômeno não guardava fronteiras e, a começar pela Inglaterra, deu-se a inevitável ruína do Estado Providência. Desenganadamente, falecia aos Estados a suficiência para manter os investimentos econômicos, sociais e de infra-estrutura que empreendera no período de fartura. A essa altura, progredia o neoliberalismo, assinalando "o fim ou o retraimento da publicização de vários setores econômicos, inclu-

---

[37] ARAGÃO, Alexandre Santos de. Op. cit., p. 69.

[38] DAROCA, Eva Desdentado. *La Crisis de Identidad del Derecho Administrativo:* Privatización, Huida de la Regulación Pública y Administraciones Independientes. Valencia: Tirant lo Blanch, 1999, p. 67/68.

[39] DI PIETRO. *Parcerias na Administração Pública.* São Paulo: Atlas, 1999, p. 21.

sive o dos serviços públicos (desestatizações, privatizações, parcerias com o setor privado, etc)".[40]

Ao Estado já não ficava reservada a prestação dos serviços públicos. No Brasil, o fenômeno experimentou repercussão, que principiou a se sentir na própria Carta Constitucional de 1988, mas que se agudizaria logo em seguida. Assim, é certo que, em face de sucessivas emendas constitucionais, ocorreria o afrouxamento do próprio regime dos monopólios estatais, prevalecente, até então.

Veja-se que, a partir da aprovação do Plano Diretor da Reforma do Aparelho do Estado (1995), seguiram-se sucessivas – e significativas! – emendas constitucionais: a EC nº 05/95 suprimiu a exclusividade de distribuição de gás canalizado por empresa estatal; a EC nº 06/95 abriu as portas para a pesquisa de lavra e exploração de recursos minerais e hídricos por parte do capital estrangeiro; a EC nº 08/95 liberou a concessão de serviços de telecomunicações, retirando a exigência de controle acionário estatal; a EC nº 09/95 "flexibilizou" o monopólio estatal na exploração do petróleo.[41]

Definitivamente, o Estado brasileiro passava a estreitar seus limites.

O retraimento estatal implicava a óbvia redução de tamanho da Administração Pública, pela quebra de monopólios, pela delegação de serviços públicos, pela parceria com entidades privadas (no Brasil, tem-se a introdução das organizações sociais e das organizações da sociedade civil de interesse público) e pelo incentivo à terceirização.[42]

No âmbito dos serviços públicos, notadamente após as privatizações que se sucederam, resulta a evidente mudança de papel do Estado. A essa altura, já não lhe incumbia a função de *prestador*, por repassada a particulares. Com efeito, mercê de reserva constitucional e legal, restava-lhe, então, o encargo de regulação dos serviços assim delegados.

Nesse novo contexto, no qual entidades privadas passavam a desempenhar funções tipicamente administrativas, recaía ao Estado o encargo de se aparelhar, com vistas a garantir a *qualidade dos serviços públicos*.

---

[40] ARAGÃO, Alexandre Santos de. Op. cit., p. 70/71.
[41] NUNES, Gustavo Vanini e outros. A Ordem Econômica na Constituição de 1988. *In:* MOLL, Luíza Helena de (org.). *Agências de Regulação de Mercado*. Porto Alegre: UFRGS, 2002, p. 35/44.
[42] Idem, p. 73.

Veja-se que, já em meados do século passado, Bilac Pinto apontava "a tríplice finalidade da regulamentação: a) assegurar serviço adequado; b) fixar tarifas razoáveis; e c) garantir a estabilidade financeira".[43]

Nessa esteira, não se pode descurar o certeiro comando constitucional, ora vigente, que, entre outras diretrizes, determinou ao Poder Público "a obrigação de manter serviço adequado" (art. 175, parágrafo único, IV).

Aliás, a lei fundamental das delegações de serviços públicos foi mais adiante. Cuidou de fixar a própria noção de *serviço adequado* (art. 6°, § 1° da Lei n° 8.987/95), aduzindo a *obrigação do poder concedente* de "zelar pela boa qualidade do serviço" (art. 29, VII), eis se tratar de *direito do usuário* (art. 7°, I) e, em contrapartida, *encargo da concessionária* (art. 31, I).

5. Os serviços públicos e o princípio da dignidade da pessoa humana. A questão da suspensão dos serviços públicos por inadimplemento do usuário

Em conseqüência das atrocidades perpetradas contra a humanidade, durante a 2ª Grande Guerra Mundial, observou-se repercussão nos ordenamentos jurídicos, prestigiando-se o respeito à *dignidade da pessoa humana* (*v.g.*, art. 1° da Declaração Universal dos Direitos do Homem, em 1948; art. 1°, I da Lei Fundamental de Bonn, em 1949; art. 1° da Constituição Portuguesa, em 1976, e art. 10, I, da Constituição da Espanha, em 1978).

No direito brasileiro, a Constituição de 1988 inscreveu, entre os "fundamentos da República", a *dignidade da pessoa humana* (art. 1°, III), que não é criação da ordem constitucional, embora seja por ela protegida.[44]

Dentre as múltiplas funções da dignidade da pessoa humana, desponta "a de servir de critério material para a ponderação de inte-

---

[43] PINTO, Bilac. *Regulamentação Efetiva dos Serviços Públicos de Utilidade Pública*. Rio de Janeiro: Forense, 1941, p. 88.
[44] SILVA, José Afonso da. A dignidade da pessoa humana como valor supremo da democracia. *Revista de Direito Administrativo*, n. 212, 1988, p. 89/90.

resses [...] sendo um fim e não um meio para o ordenamento constitucional", princípio que "não se sujeita a ponderações".[45]

Ainda que se reconheça os esforços da doutrina e da jurisprudência, é indiscutível a frustração em se estabelecer os contornos do princípio da dignidade da pessoa humana. A modelo de outros tantos preceitos vagos e abertos, o seu conteúdo "carece de uma delimitação pela *práxis* constitucional, tarefa que incumbe a todos os órgãos constitucionais".[46] Sem embargo, não se disputa que *"De esa dignidad humana se desprenden todos los derechos en cuanto son necesarios para que el hombre desarolle su personalidad integralmente"*.[47]

Conforme Ingo Sarlet, a dignidade da pessoa humana "é simultaneamente limite e tarefa dos poderes estatais e, no nosso sentir, da comunidade em geral, de todos e de cada um".[48] E mais:

> Como tarefa (prestação) imposta ao Estado, a dignidade da pessoa reclama que este guie suas ações tanto no sentido de preservar a dignidade existente, quanto objetivando a promoção da dignidade, especialmente criando condições que possibilitem o pleno exercício e fruição da dignidade.[49]

Por isso mesmo é que, em decorrência de expressos dispositivos da Carta Federal vigente, "a ordem econômica [...] tem por fim assegurar a todos existência digna" (art. 170, *caput*), "a ordem social tem [...] como objetivo o bem-estar e a justiça sociais" (art. 193) e a "educação [...] será promovida [...] visando ao pleno desenvolvimento da pessoa, seu preparo para o exercício da cidadania" (art. 205). Tudo, pois, "não como meros enunciados formais, mas como indicadores do conteúdo normativo eficaz da dignidade da pessoa humana".[50] E mais: em sintonia com comando explícito do texto constitucional, que inscreve, como objetivo *fundamental da República* "promover o bem de todos", sem preconceitos ou discriminação (art. 3º, IV).

---

[45] SARMENTO, Daniel. *A Ponderação de Interesses na Constituição Federal*. Rio de Janeiro: Lumen Juris, 2000, p. 196.
[46] SARLET, Ingo Wolfgang. *A Eficácia dos Direitos Fundamentais*. 2. ed. Porto Alegre: Livraria do Advogado, 1998, p. 104.
[47] PUCCINELLI, Oscar Raúl. *Derechos Humanos e SIDA*. Buenos Aires: Depalma, 1995, tomo I, p. 226.
[48] SARLET, Ingo Wolfgang. *A Dignidade da Pessoa Humana e Direitos Fundamentais na Constituição Federal de 1988*. 2. ed. Porto Alegre: Livraria do Advogado, 2000, p. 47.
[49] Idem, p. 48.
[50] SILVA, José Afonso da. *Direito Constitucional Positivo*. 18. ed. São Paulo: Malheiros, 2000, p. 109.

Se, mercê de expressa norma constitucional, compete ao Poder Público "a obrigação de manter serviço adequado" (art. 175, parágarfo único, IV), é evidente que tal incumbirá às agências reguladoras, as quais assim resultam comprometidas com a efetivação do princípio da dignidade humana, visto sob tal dimensão.

Cumpre seguir à risca a advertência de Eros Roberto Grau, no sentido de que a Carta Federal não deve ser interpretada em "tiras, aos pedaços",[51] senão que exige concretização em todos os quadrantes das atividades do Estado.

Lamentavelmente, no tocante aos serviços públicos, a Constituição Federal foi tímida, limitando-se a remeter à lei, entre outros aspectos, a disciplina dos "direitos dos usuários" de serviços concedidos e permitidos (art. 175, parágrafo único, II).

Quanto ao conceito de "serviço adequado", foi objeto de previsão no art. 6º da Lei nº 8.987/95, que lhe reconheceu como próprias "as condições de regularidade, continuidade, eficiência, segurança, atualidade, generalidade, cortesia na sua prestação e modicidade das tarifas" (§ 1º).

Tratou-se, pois, de conferir ao usuário o direito de "receber serviço adequado" (art. 7º, I); em contrapartida, atribuiu-se à concessionária o encargo de "prestar serviço adequado" (art. 31, I) e, ao poder concedente, a incumbência de "fiscalizar permanentemente a sua prestação", bem assim de "velar pela boa qualidade do serviço" (art. 29, I e VII).

Dessarte, se, por conceito, os serviços públicos são submetidos a regime jurídico administrativo, porque se tratem de atividades "reputadas imprescindíveis, necessárias ou apenas correspondentes a conveniências básicas da sociedade",[52] depreende-se sua essencialidade à própria dignidade da existência humana.

Não por acaso, aliás, foi editada a Lei nº 7.783/89, que, ao regulamentar o direito de greve, elencou os serviços públicos essenciais, conferindo-lhes tratamento peculiar, inclusive ao efeito de flexibilizar o próprio direito de greve (art. 10), assegurado na Constituição. Nessa esteira, a Lei nº 8.987/95 até permite a interrupção do serviço em caso

---

[51] GRAU, Eros Roberto. *A Ordem Econômica da Constituição de 1988.* 4. ed. São Paulo: Malheiros, 1998, p. 176.
[52] BANDEIRA DE MELLO, Celso. *Curso de Direito Administrativo.* 16. ed. São Paulo: Malheiros, 2003, p. 616.

de inadimplemento do usuário, condicionada, porém, a que seja "considerado o interesse da coletividade" (art. 6°, § 3°, II).

Embora a letra da lei, Justen Filho vai mais adiante, apregoando que a suspensão de serviços obrigatórios, na hipótese de inadimplemento do usuário, está desautorizada, quando sua "prestação se faz no interesse público ou é essencial à dignidade da pessoa humana".[53]

A temática é momentosa e a jurisprudência pátria se dividiu. No próprio Superior Tribunal de Justiça ocorreu a cizânia. Assim, inicialmente, sua 1ª Turma inadmitia a suspensão do serviço sob tal fundamento, invocando regras previstas no Código de Defesa do Consumidor, como se verifica no seguinte aresto:

> ADMINISTRATIVO. MANDADO DE SEGURANÇA. ENERGIA ELÉTRICA. AUSÊNCIA DE PAGAMENTO DE TARIFA. CORTE. IMPOSSIBILIDADE.
> 1. É condenável o ato praticado pelo usuário que desvia energia elétrica, sujeitando-se até a responder penalmente.
> 2. Essa violação, contudo, não resulta em reconhecer como legítimo ato administrativo praticado pela empresa concessionária fornecedora de energia e consistente na interrupção do fornecimento da mesma.
> 3. A energia é, na atualidade, um bem essencial à população, constituindo-se serviço pública indispensável subordinado ao princípio da continuidade de sua prestação, pelo que se torna impossível a sua interrupção.
> 4. Os arts. 22 e 42, do Código de Defesa do Consumidor, aplicam-se às empresas concessionárias de serviço público.
> 5. O corte de energia, como forma de compelir o usuário ao pagamento de tarifa ou multa, extrapola os limites da legalidade.
> 6. Não há de se prestigiar atuação da Justiça privada no Brasil, especialmente, quando exercida por credor econômica e financeiramente mais forte, em largas proporção. Afronta, se assim fosse admitido, aos princípios constitucionais da inocência presumida e da ampla defesa.
> 7. O direito do cidadão de se utilizar dos serviços públicos essenciais para a sua vida em sociedade deve ser interpretado com vistas a beneficiar a quem deles se utiliza.
> 8. Recurso improvido.[54]

Entrementes, porém, orientação oposta se plasmou na 2ª Turma, dando ensejo à suscitação de Embargos de Divergência no REsp n° 363.943-MG, que, julgados pela 1ª Seção, Rel. Min. Humberto Gomes

---
53 JUSTEN FILHO, Marçal. *Concessões de Serviços Públicos.* São Paulo: Dialética, 1997, p. 130.
54 ROMS 8.915/MA, Rel. Min. José Delgado, 1ª Turma, publ. no DJU de 17/08/1998.

de Barros, em 10/12/2003, embora por maioria de votos, resultaram na uniformização de jurisprudência, revertendo a posição inicial, conforme se extrai da respectiva ementa:

> ADMINISTRATIVO – ENERGIA ELÉTRICA – CORTE – FALTA DE PAGAMENTO
> – É lícito à concessionária interromper o fornecimento de energia elétrica, se, após aviso prévio, o consumidor de energia elétrica permanecer inadimplente no pagamento da respectiva conta (L. 8.987/95, Art. 6º, § 3º, II).

Recentemente, sedimentando tal entendimento, a 1ª Seção reputou legítimo o corte no fornecimento de água, em decorrência de mora, ao fundamento de que, *além de não malferir o Código do Consumidor, é permitido pela Lei nº 8.987/95* (EREsp nº 337.965-MG, Rel. Min.Luiz Fux, julg. em 22/09/2004).

Por evidente, a jurisprudência assentada refletiu-se nos tribunais estaduais, que, compreensivelmente, passaram adotá-la, ainda que, em vários pretórios, já fosse prevalente a posição contrária.

Em que pese a uniformização placitada no âmbito jurisprudencial, a discussão sobre o tema continua atual e relevante, mormente porque envolve determinados aspectos, que mereceriam enfoque mais apropriado.

Consoante se extrai dos precedentes do Superior Tribunal de Justiça, a tônica é o prestigiamento do equilíbrio econômico-financeiro do contrato de concessão, acenando-se com o risco de colapso do serviço, na hipótese de generalizada inadimplência. Dessarte, o respeito à equação firmada no contrato garantiria a prestação do *serviço adequado,* afastando o risco de insatisfação do próprio usuário, máxime de quem honra os seus pagamentos. Em realidade, pois, assegurar-se a prerrogativa de suspensão ao concessionário, implicaria proveito ao consumidor adimplente.

Todavia, a solução é simplista e, por isso, insatisfatória, na medida em que perfilhou orientação distante da moderna tendência conceitual do serviço público.

A propósito, em elucidativa obra, Mônica Spezia Justen destaca a evolução experimentada pela temática no direito comunitário europeu. No primeiro momento, a partir do Tratado de Roma, que instituiu a Comunidade Econômica Européia, observou-se a nítida valorização do modelo econômico neoliberal, de sorte que tendeu a "reduzir os espaços ocupados pela atuação direta do Estado no mercado, atingindo, em última análise, os serviços públicos tais como se configuraram no período pós-guerra".[55]

Entretanto, o enfoque liberalizante da Comunidade não foi assimilado unanimemente, registrando-se ferrenha oposição da França, que, apegada a sua tradição administrativa, inadmitia o menoscabo à situação de vulnerabilidade do cidadão diante da liberalização do mercado.

Consoante arremata Spezia Justen, "Seria necessário dar um tratamento aos serviços de interesse econômico geral pela ótica da proteção dos consumidores, reequilibrando a lógica dominante da concorrência com a do interesse geral".[56]

O resultado da pressão francesa repercutiu na modificação do art.16º do Tratado de Maastricht, de 07/02/92, que instituiu a União Européia, alteração promovida ao ensejo do Tratado de Amsterdã. O mencionado dispositivo empresta novo tratamento aos *serviços de interesse econômico geral*, destacando sua importância para a *coesão social e territorial* dos Estados-membros da União Européia, *verbis*:

> Art. 16º: Sem prejuízo do disposto nos artigos 73, 86 e 87, e atendendo à posição que os serviços de interesse econômico geral ocupam no conjunto dos valores comuns da União e ao papel que desempenham na promoção da coesão social e territorial, a Comunidade e os seus Estados-membros, dentro do limite das respectivas competências e dentro do âmbito de aplicação do presente Tratado, zelarão por que esses serviços funcionem com base em princípios e em condições que lhes permitam cumprir as suas missões.

Especificamente, no tocante à *coesão social e territorial*, Véronique Champeil-Desplats realizou interessante estudo acerca de sua noção, conforme quatro países da União Européia.

Na Espanha, utiliza-se a noção de coesão "para tratar do problema de redistribuição de riquezas ou de fundos de compensação entre as comunidades autônomas". Quanto ao direito alemão, trata-se de prescrição genérica, ligada às próprias condições de fruição do serviço público, observando-se os princípios da igualdade, confiabilidade e continuidade. Com relação a França, a coesão se concretiza com a adoção de benefícios comuns em favor do usuário, como a tarifa única de energia elétrica em todo o país. Já na Grã-Bretanha, a coesão se

---

[55] JUSTEN, Mônica Spezia. *A noção de serviço público no direito europeu*. São Paulo: Dialética, 2003, p. 175.
[56] Idem, p. 189.

identifica com valores relacionados à prestação de serviços de interesse coletivo, citando-se, por exemplo, a acessibilidade aos serviços por deficientes ou idosos e a não interrupção do serviço de fornecimento de gás por inadimplemento do consumidor.[57]

Por conseguinte, a moderna noção de serviço público no direito europeu pressupõe que a prestação do serviço público não prescinde relação de respeito entre prestadores de serviços públicos e os cidadãos.

Recentemente, a edição da Carta dos Direitos Fundamentais da União Européia ratificou tal concepção, haja vista o art. 36º, que mantém clara sintonia com o pré-citado art. 16º:

> Art. 36º: A União reconhece e respeita o acesso aos serviços de interesse econômico geral conforme sejam providos pelas práticas e leis nacionais, de acordo com o Tratado que estabelece a Comunidade Européia, com o fim de promover a coesão social e territorial da União.

Spezia Justen constata a inclinação do direito comunitário em estabelecer teoria dos serviços de interesse econômico geral vinculada à tutela dos direitos fundamentais, aludindo a preceitos já contidos nos textos constitucionais de vários Estados-membros, inclusive no próprio preâmbulo da Carta, que submete a União ao primado dos "valores indivisíveis e universais da dignidade, da liberdade, da igualdade e da solidariedade".[58]

Ao que se conclui, pois, o conceito de serviço público experimentou considerável evolução no próprio direito europeu, que partiu de concepção liberal para desembocar na valorização do destinatário, que dele depende para a satisfação de necessidades comezinhas à concretização da dignidade humana.

Se no direito de além-mar foram vivenciadas as primeiras experiências com a delegação de serviços públicos em larga escala e de apurada tecnologia, soa coerente que tenha, modo pioneiro, introduzido os necessários temperamentos, em favor do usuário, parte vulnerável na relação.

Tal, porém, não desautoriza que a comunidade internacional fique alheia ao processo, preferindo se manter arraigada a concepções supe-

---

[57] CHAMPEIL-DESPLATS, Véronique. *Services d'Intérêt Économique General, Valeurs Communes, Cohésion Social et Territoriale*, AJDA nº 12. Paris: 1999, p. 959-971 *apud* JUSTEN, Mônica Spezia. *In: A noção de serviço público no direito europeu*. São Paulo: Dialética, 2003, p. 212.
[58] JUSTEN. Mônica Spezia. Op. cit., p. 221.

radas, que não contemplam a problemática em seu espectro mais amplo e integral.

Assim, soa anacrônica e, sobretudo, divorciada do próprio texto constitucional vigente, a posição ora sufragada pelo Superior Tribunal de Justiça, privilegiando a iniciativa das concessionárias de serviços públicos, que suspendem sua prestação em face do inadimplemento do usuário.

Nem se pretende que o cerceio à medida arbitrária implique, necessariamente, prejuízo imediato à concessionária, repercutindo no equilíbrio econômico-financeiro do contrato. Há de se entender que a inibição da prerrogativa de suspensão não obsta a que a prestadora demande seus créditos pelas vias legais, tal como age qualquer credor. Inadmissível é que, desde logo, proceda à suspensão do serviço, pretendendo constranger o usuário ao pagamento, acarretando terríveis conseqüências à própria sobrevivência e de sua família.

Por isso, não há como concordar com a orientação recentemente pacificada no Superior Tribunal de Justiça, que transita na contramão da moderna tendência do direito europeu e, lastimavelmente, relega valores consagrados na própria Constituição Federal vigente.

Nesse passo, colhe a pertinente observação da citada autora paranaense:

> Existe uma peculiaridade de cada país e de cada povo que faz com que haja variação da prestação estatal, diversidades no regime jurídico da atividade como da própria expectativa de cada povo em relação a esse papel desempenhado por parte do Estado. Esse diferencial, assim parece, não pode estar sujeito à unificação pelo direito europeu, pois o serviço público, como instrumento político, está intimamente relacionado com a soberania dos Estados-membros. Faz parte da política interna de cada país decidir aquilo que quer eleger como serviço público e o regime jurídico a que o sujeitará.[59]

A advertência tem plena adequação com a espécie. Assim, não se atina que, enquanto na Comunidade Européia se concretizam os princípios da dignidade humana e da solidariedade, em nosso país, tais valores sejam subestimados. Se, no chamado primeiro mundo, a concepção de serviço público pressupõe o respeito ao consumidor, clama aos céus que, no Brasil, tal enfoque possa ser desvirtuado, em detrimento de princípios explicitados na Carta Magna, mormente quando se sabe que, entre outros, o Estado se comprometeu com a defesa do consumidor, insculpindo-o no capítulo dos "Direitos e Garantias Fundamentais" (art. 5º, XXXII).

---

[59] JUSTEN, Mônica Spezia. Op. cit., p. 223.

À luz da premissa de que o ser humano antecede o Direito e o Estado, que apenas se justificam em razão dele,[60] por óbvio, deve ser concebido e tratado como valor-fonte do ordenamento jurídico, conforme assevera Miguel Reale,[61] de sorte que se constitui em tarefa primordial do Estado de Direito a defesa e promoção da sua dignidade, servindo como diretriz material para a identificação de direitos implícitos (tanto de cunho defensivo como prestacional) e, de modo especial, sediados em outras partes da Constituição.[62]

6. O Princípio da Solidariedade

Sem dúvida, a prestação de serviços públicos concedidos contrapõe interesses e valores antagônicos: de um lado, há de se considerar que o concessionário atua sob risco, na busca de lucro; de outro, porém, verifica-se que seu objeto visa à satisfação direta de necessidades inerentes à própria dignidade da pessoa humana.[63]

Todavia, ainda que se assegure o primado do princípio da dignidade da pessoa humana, tal não implica devam os custos correspondentes ser suportados pelo concessionário. Há de se ter em mira a concorrência do princípio da intangibilidade da equação econômico-financeira, que também ostenta reserva constitucional (art. 37, XXI), de sorte "que o concessionário não poderia ser constrangido a desenvolver o empreendimento com prejuízo".[64]

Em face de sua própria natureza, não se deverá recusar acesso ao serviço público a determinados segmentos da população, porque careçam de recursos econômicos para o seu custeio. Ao lado do princípio da dignidade, pois, incide o da *solidariedade*, "ainda que tal se promova sem qualquer contrapartida econômica direta e imediata".[65]

---

[60] SARMENTO, Daniel. Op. cit., p. 59.
[61] REALE, Miguel. *A Pessoa, valor-fonte fundamental do direito*, in *Nova Fase do Direito Moderno*. São Paulo: Saraiva, 1990, p. 59/69.
[62] SARLET, Ingo Wolfgang. Op. cit., p. 103.
[63] JUSTEN FILHO, Marçal. As Diversas Configurações da Concessão de Serviço Público. *In: Revista de Direito Público da Economia*. Belo Horizonte: Fórum, 2003, p. 131.
[64] Idem, ibidem.
[65] JUSTEN FILHO, Marçal. As Diversas Configurações da Concessão de Serviço Público. *In: Revista de Direito Público da Economia*, p. 131.

Mercê das nefastas experiências vivenciadas ao longo da Segunda Grande Guerra Mundial, observa-se "o surgimento de um novo tipo de relacionamento entre as pessoas, baseado na chamada solidariedade social".[66] A essa altura, o até então prevalecente valor da vontade individual cede passo à pessoa humana e à dignidade, que lhe é inerente. De par com o relevo ao respeito à dignidade da pessoa humana (art. 1º, III), modo singular e incisivo, a Constituição brasileira veio a consagrar, entre os *objetivos fundamentais* da República, a construção de uma "sociedade livre, justa e solidária" (art. 3º, I), a redução das desigualdades sociais (art. 3º, III) e a promoção do bem de todos, sem preconceitos (art. 3º, IV). Aliás, assim realçando seu eloqüente Preâmbulo, onde já se alinhara, entre outros, os objetivos do Estado de assegurar "o bem-estar, o desenvolvimento, a igualdade e a justiça com valores supremos de uma sociedade fraterna, pluralista e sem preconceitos".

Maria Celina Bodin de Moraes assinala, com inteira propriedade, que já "Não há lugar, no projeto constitucional, para a exclusão; mas também não há espaço para a resignação submissa, para a passiva aceitação da enorme massa de destituídos com que (mal) convivemos".[67]

A expressa alusão constitucional ao princípio da solidariedade passa a constituir parâmetro imprescindível a ser seguido na elaboração da legislação infraconstitucional, implementação de políticas públicas e interpretação do Direito.

De rigor, pois, a solidariedade deve ser compreendida como um corolário da própria dignidade da pessoa humana, na medida em que se identifica "com o conjunto de instrumentos voltados para garantir uma existência digna, comum a todos, em uma sociedade que se desenvolva como livre e justa, sem excluídos ou marginalizados".[68]

Como se percebe, a questão adquire contornos mais amplos, envolvendo a *inclusividade* e a *tolerância*. O fortalecimento mútuo da comunidade e da individualidade, voltado ao interesse comum, obriga a uma ação política, exigindo "certas condições estruturais e contex-

---

[66] MORAES, Maria Celina Bodin de. *Danos à Pessoa Humana:* Uma Leitura Civil-Constitucional dos Danos Morais. Rio de Janeiro: Renovar, 2003, p. 108.
[67] Idem, p. 110.
[68] Idem, p. 114.

tuais que só podem ser oferecidas pela ação do Estado".[69] E que, aliás, deverá ser permanente e indormida, porquanto não haverá regime de tolerância que funcione "por muito tempo numa sociedade imigrante, pluralista, moderna e pós-moderna, sem a combinação destas duas atitudes: uma defesa das diferenças grupais e um ataque contra as diferenças de classe".[70]

Nem por isso se deverá subestimar a relevância da participação popular neste processo. Por isso que se faz necessária sua requalificação, "nos termos de uma participação cidadã, que interfere, interage e influencia na construção de um senso de ordem pública, regida pelos critérios da eqüidade e justiça".[71]

Afinado no mesmo diapasão, Elenaldo Teixeira entende que a participação cidadã compreende dois elementos contraditórios. Primeiro, o "fazer ou tomar parte", no processo político-social, mediante a atuação de indivíduos e grupos, "que expressam interesses, identidades, valores [...] num espaço de heterogeneidade, diversidade, pluralidade". Segundo, a cidadania, que se articula "à idéia de deveres e responsabilidades, à propensão ao comportamento solidário, inclusive relativamente àqueles que, pelas condições econômico-sociais, encontram-se excluídos dos direitos".[72] Caberá ao cidadão envolvido no processo "aprender a tolerar a diversidade, a temperar o fundamentalismo e o egoísmo".[73]

Consoante explica Iris Marion Young, "Os processos democráticos são orientados em torno da discussão do bem público, ao invés da competição pelo bem privado de cada um".[74] Antes de raciocinarem sob o prisma da utilidade privada, "os cidadãos transformam, por meio da deliberação pública, suas preferências, de acordo com os fins de ordem pública, raciocinando juntos sobre a natureza desses fins e sobre os melhores meios de atingi-los".[75]

---

[69] WALZER, Michael. *Da Tolerância*. São Paulo: Martins Fontes, 1999, p. 144.
[70] Idem, ibidem.
[71] TELLES, Vera. Sociedade Civil, Direitos e Espaços Públicos. *In:* VILLA-BÔAS, Renata (org.). *Participação Popular nos Governos Locais*. São Paulo: Polis, publ. n. 14, p. 43/53.
[72] TEIXEIRA, Elenaldo Celso. *O Local e o Global – Limites e Desafios da Participação Cidadã*. São Paulo: Cortez, Recife: EQUIP: Salvador: UFBA, 2001, p. 32.
[73] Idem, p. 35.
[74] YOUNG, Iris Marion. Comunicação e o Outro: Além da Democracia Deliberativa. *In:* Democracia Hoje: *Novos Desafios para a Teoria Democrática Contemporânea*. Brasília: UNB, 2001, p. 367.
[75] YOUNG, Iris Marion. Op. cit., p. 367.

Nessa esteira, tanto mais se aperfeiçoará o próprio processo democrático, na medida em que o ordenamento jurídico entronize instrumentos que viabilizem a participação popular, como expressão do pluralismo político, sempre cuidando, porém, de compatibilizá-la com a democracia representativa.

7. A universalização dos serviços públicos: meta permanente da regulação

Na medida em que o Estado tem por objetivo *a promoção do bem de todos* (art. 3º, IV da CF), daí resulta sua obrigação de disponibilizar os serviços públicos, sem restrições, até porque também lhe incumbe *reduzir as desigualdades sociais* (art. 3º, III da CF).

Cumpre-lhe atentar, nesse passo, ao próprio princípio da isonomia, que

> exige a igualdade no acesso, funcionamento e utilização do serviço, não podendo ser esta negada a ninguém se a capacidade e possibilidades do serviço o permitem, nem fixar-se discriminações injustificadas no acesso e utilização do mesmo, nas condições e modalidades da prestação, e nas contraprestações ou encargos exigidos para seu desfrute.[76]

Entretanto, há de se compreender o devido alcance do princípio da igualdade dos usuários perante o serviço público, que deve beneficiar "não apenas os usuários efetivos, mas igualmente os usuários potenciais que se beneficiam do direito de acesso ao serviço público".[77] Consoante sustenta Carbajo, "Existe, para os usuários potenciais do serviço público, um direito de acesso ao serviço público que pode ser submetido a condições diversas", sem que tal contrarie o princípio da igualdade perante o serviço público.[78]

Cabe, pois, ao Estado banir a "elitização do serviço público" e a criação de "graus de cidadania na sociedade", na qual alguns receberiam serviços públicos e outros resultariam excluídos.[79]

---

[76] SOUVIRÓN MORENILLA, José Maria. *La Actividad de la Administration y el Servicio Público*. Granada: Comares, 1998, p. 514.
[77] CARBAJO, Joel. *Droit des Services Publics*. 3. ed. Paris: Dalloz, 1997, p. 48/49.
[78] Idem, p. 49.
[79] ROCHA, Cármen Lúcia Antunes. *Estudo sobre Concessão e Permissão de Serviço Público no Direito Brasileiro*. São Paulo: Saraiva, 1996, p. 97.

Tal implica a própria evolução conceitual do serviço público, introduzindo-se o *princípio da universalidade*, hoje em dia acolhido pela Comunidade Econômica Européia, haja vista a definição do art. 2°, § 1° da Diretiva CEE 97/33:

> Serviço universal é o conjunto mínimo definido de serviços, de determinada qualidade, disponível a todos os usuários, que prescinde da sua localização geográfica e é oferecido, levando em conta as condições especificas nacionais, a um preço abordável, segundo os critérios de continuidade, igualdade de acesso, universalidade e transparência.

A concepção se amolda à realidade brasileira, assinalada por profundas disparidades sociais, por isso que a exclusão de potenciais usuários agudiza a desigualdade, impondo-se, como política pública, a universalização do acesso aos serviços públicos.

Com vistas a tais objetivos, impõe-se a adoção pelo Poder Público de um conjunto de medidas, que

> compreende a política tarifária para a remuneração dos serviços, subsídios orçamentários, subsídios cruzados, planejamento da execução e expansão dos serviços, gerenciamento das concessões, sistemas de controle, política social, sistema de financiamento, participação da comunidade, etc.[80]

À guisa de exemplo, sinale-se que a Lei n° 8.987/95 contempla a possibilidade de fixação das tarifas diferenciadas "em função das características técnicas e dos custos específicos provenientes do atendimento aos distintos segmentos de usuários" (art. 13). De outra banda, recorde-se a instituição de benefícios tarifários, prevista no art. 35 da Lei n° 9.074/95, condicionando-os, porém, (a) à previsão legal da origem dos recursos ou da simultânea revisão da estrutura tarifária do delegatário, de modo a resguardar o equilíbrio econômico-financeiro do contrato, e (b) à atribuição a uma classe ou coletividade de usuários dos serviços, vedado, sob qualquer pretexto, o benefício singular.

Com efeito, já não se exige do Estado que se constitua em mero regulador, senão que, eventualmente, deverá assumir a posição de financiador do serviço público concedido.[81] À luz da experiência portuguesa, o prestigiado Vital Moreira destaca três mecanismos: (a) a criação de *taxa ou contribuição especial*, a ser suportada por todos os presumíveis utentes em favor da empresa prestadora; (b) a instituição

---

[80] ALVES, Alaôr Caffé. *Saneamento Básico:* Concessões, Permissões e Convênios Públicos. Bauru: EDIPRO, 1998, p. 96.
[81] MOREIRA, Vital. Os Serviços Públicos Tradicionais sob o Impacto da União Européia. *In Revista de Direito Público da Economia*. Belo Horizonte: Fórum, 2003, p. 243.

de *fundo de financiamento*, para o qual contribuem as prestadoras, donde se extrai a indenização do operador incumbido (é o que ocorre no "caso do 'serviço universal' de telecomunicações"), e (c) o *subsídio público*, por meio de verbas orçamentárias, transferidas em favor do operador, solução adotada nos transportes públicos.[82]

Última análise, a regulação se constituirá em instrumento para prover o acesso e uso aos serviços públicos fundamentais, ao feitio da democracia com igualdade de oportunidades e apta à formação de homens dignos e livres.

---

[82] Idem, p. 242.

Parte II
O REGIME JURÍDICO DAS AGÊNCIAS DE REGULAÇÃO DE SERVIÇOS PÚBLICOS NO BRASIL

1. A questão de sua constitucionalidade

Questão crucial que se tem levantado acerca das agências reguladoras diz com sua constitucionalidade, mercê da autonomia inerente a sua própria essência. Acerca do tema, Moreira Neto observa que, "tanto na Europa como no Brasil, as opiniões se encontram divididas quanto à constitucionalidade das administrações independentes e às entidades que devem ser incluídas no gênero".[83] Aragão reconhece as candentes discussões, no tocante à incolumidade do poder de direção da Administração Central e do poder normativo próprio das agências, concluindo, todavia, que, modo invariável, "a constitucionalidade destas entidades foi afirmada através de interpretações construtivas da Constituição".[84]

Se atentarmos ao direito comparado, ter-se-á que, mesmo nos Estados Unidos da América, a matéria comportou discussões. Não obstante, concluiu-se por reconhecer que a delegação de competência legislativa e judicante, bem assim "a instituição de garantias em prol dos dirigentes das agências, não configura violação à Constituição, desde que respeitados determinados parâmetros".[85]

No direito francês, o tema ocupou a atenção do próprio Conselho Constitucional, em várias oportunidades, o qual terminou por admitir a constitucionalidade das chamadas Autoridades Administrativas Independentes, ressalvando-se, porém, a ausência de independência abso-

---
[83] MOREIRA NETO, Diogo de Figueiredo. *Consideraciones sobre la Participación en el Derecho Comparado Brasil – Espana. In: Revista de Administración Pública*, n. 152, maio/agosto 2000, p. 80.
[84] ARAGÃO, Alexandre Santos de. *Agências Reguladoras e a Evolução do Direito Administrativo Econômico*, p. 222.
[85] JUSTEN FILHO, Marçal. *O Direito das Agências Reguladoras Independentes*, p. 266.

luta ou equivalente àquela reconhecida aos poderes do Estado. Sua competência regulamentar se subordina ao Primeiro Ministro e não se prescinde do controle jurisdicional de seus atos.[86] [87]

Assim também se vem posicionando o Tribunal Constitucional Federal alemão. Conquanto, em princípio, recuse "âmbitos livres de direção ministerial", aquela Corte admite "exceções constitucionalmente justificadas", destacando-se, como exemplo, "a constitucionalidade da peculiar posição institucional do *Bundesbank*".[88]

Na Espanha, tampouco se recusa constitucionalidade às Administrações Independentes. Em que pese haja vozes dissonantes na doutrina, a corrente majoritária propende para o entendimento de "que as administrações independentes são compatíveis com o poder de direção do governo".[89] Em sede jurisprudencial, o Tribunal Constitucional espanhol, consolidando a posição inicialmente adotada na STC 135/92, decidiu na STC 133/97 serem constitucionais as atribuições de poder regulamentar às autoridades administrativas independentes, desde que haja habilitação legal específica.[90]

Por evidente, o assunto também adquire importância no direito brasileiro.

De saída, em se tratando de agências reguladoras de serviços públicos, mister se estabeleça a devida distinção, ante a marcante diferença entre o regime jurídico aplicável a ANEEL e a ANATEL.

No tocante à ANEEL, impende destacar a obrigatoriedade de celebração de contrato de gestão com o Poder Executivo (art. 7º da Lei nº 9.427/96), o que a submete a efetivo controle. Já a ANATEL não se sujeita a tal mecanismo, ademais constando regra expressa em sua lei específica, que lhe assegura "decidir, em último grau sobre as matérias de sua alçada, sempre admitido recurso ao Conselho Diretor" (art. 19, XXV, da Lei nº 9.472/97).

Nessa esteira, explica-se o ajuizamento da ADIn nº 1.668-DF, que visava à declaração de inconstitucionalidade de diversas regras da Lei

---

[86] JUSTEN FILHO, Marçal. *O Direito das Agências Reguladoras Independentes*, p. 186.
[87] HERRERO, Mariano Magide. *Límites Constitucionales de las Administraciones Independientes*. Madrid: Ministério de Administraciones Públicas, 2000, p. 186/195.
[88] Idem, p. 183/185.
[89] ARAGÃO, Alexandre Santos de. *Agências Reguladoras e a Evolução do Direito Administrativo Econômico*, p. 247.
[90] Idem, p. 248/249.

nº 9.472/97, atinentes ao seu poder normativo. Embora haja deferido em parte o pedido de medida cautelar, última análise, o Supremo Tribunal Federal reconheceu a constitucionalidade da ANATEL, tanto que, quanto às normas atacadas, decidiu:

> sem redução do texto, dar-lhes interpretação conforme à Constituição Federal, com o objetivo de fixar exegese segundo a qual a competência da Agência Nacional de Telecomunicações para expedir normas subordina-se aos preceitos legais e regulamentares que regem a outorga, prestação e fruição dos serviços de telecomunicações no regime público e no regime privado, vencido o Ministro Moreira Alves, que o indeferia. (Plenário, 20/8/98).

Por outro lado, já não cabe objetar que o mandato certo dos dirigentes das agências reguladoras vulnere a Constituição Federal, ante a regra que determina competir privativamente ao Presidente da República "exercer, com auxílio dos Ministros de Estado, a direção superior da administração federal" (art. 84, II).

A respeito, o tema foi objeto de exame na ADIn nº 1.949-0-RS. Na ocasião, o Governador do Estado do Rio Grande do Sul questionava a constitucionalidade dos arts. 7º e 8º da Lei nº 10.931, de 9/1/97, instituidora da Agência Estadual de Regulação dos Serviços Públicos Delegados do Rio Grande do Sul – AGERGS, com a redação que lhes deu a Lei nº 11.292, de 23/12/98. Embora aplicável à agência estadual, a decisão do STF foi exemplar e contundente, assegurando o mandato do conselheiro até que fato delituoso claramente tipificado determine sua exoneração.

Nesse passo, de plena pertinência a orientação de Floriano de Azevedo Marques Neto, que rechaça qualquer atentado ao aludido dispositivo constitucional.

Com efeito, no plano federal, deve-se considerar que a nomeação dos dirigentes das agências reguladoras caracteriza *ato complexo*. Significa que o art. 84, II deve ser interpretado em consonância com o art. 52, III, *f* da CF, que prevê à competência, também privativa do Senado Federal, para "apurar previamente, por voto secreto, após argüição pública, a escolha de [...] titulares de outros cargos que a lei determinar".

Assim, arremata o autor:

> seria um despropósito constitucional que a Constituição previsse a hipótese de envolvimento do Senado da República no processo de nomeação de cargos dirigentes de órgão estatal para, ato contínuo, admitir que o Presidente da República os possa exonerar livremente. Temos, portanto, que a Constituição, ao

permitir que a lei preveja um regime de nomeação de titulares de cargos mediante processo complexo, também admitiu que esta mesma lei conferisse a estes cargos um regime de estabilidade (interdição à exoneração imotivada por ato exclusivo do chefe do Executivo).[91]

Nesse contexto, inobstante escassos, os pronunciamentos do Excelso Pretório têm sido convergentes, no sentido de reconhecer a constitucionalidade das agências.

2. A necessária autonomia: a forma autárquica

Em que pese haja os que debatam sua "independência", por certo, assiste razão a Sundfeld, quando aí vislumbra "certo exagero", presumindo que tal denuncie o desejo de se ver as agências com autonomia em relação ao Poder Executivo.[92]

À parte a discussão terminológica, é precisamente no aspecto referente à "autonomia" dos entes reguladores que reside questão de particular relevo.

Com efeito, é curial que as agências reguladoras somente terão condições de desempenhar suas funções com êxito, na medida em que se preservem de ingerências externas inadequadas.

Por certo, não faltam os que se preocupem com as influências nefastas do Poder Público, "tanto no que diz respeito a suas decisões político-administrativas quanto a sua capacidade financeira".[93] É o *risco de captura,* matéria sempre essencial, quando se trate de agências de regulação.

Tal não escapou à argúcia de Sundfeld, que, no caso brasileiro, concluiu se haver outorgado autonomia às agências reguladoras para, "ao menos inicialmente, oferecer segurança a investidores estrangeiros, atraindo-os para a compra de ativos estatais".[94]

---

[91] *Agências Reguladoras* – Instrumentos do Fortalecimento do Estado. São Paulo: ABAR, 2003, p. 44.

[92] SUNDFELD, Carlos Ari. Introdução às Agências Reguladoras. *In: Direito Administrativo Econômico*, p. 24.

[93] BARROSO, Luís Roberto. Apontamentos Sobre as Agências Reguladoras, p. 121, *In:* MORAES, Alexandre de (org.). *Agências Reguladoras.* São Paulo: Atlas, 2002.

[94] SUNDFELD, Carlos Ari. Op. cit., p. 24.

Todavia, afigura-se igualmente nefasta a captura por "contaminação de interesses", qual seja a influência derivada dos próprios agentes regulados.

Nesse passo, ressai significativo o relatório do Banco Mundial acerca do setor elétrico brasileiro:

> Uma exigência para qualquer empréstimo no setor elétrico será um movimento explícito do país rumo ao estabelecimento de um quadro jurídico e processo regulatório satisfatórios para o Banco. Para esse fim, em conjunção com outras iniciativas de âmbito econômico, o Banco exigirá dos países que estabeleçam processos regulatórios transparentes que sejam claramente independentes dos fornecedores de energia e que evitem interferência governamental nas operações quotidianas da companhia (pouco importando se a empresa é privada ou pública).[95]

Última análise, o estabelecimento da autonomia é essencial à preservação do próprio interesse público, forrando-se à influência política e econômica.

Por isso, indiscutivelmente, as atividades inerentes à regulação reclamam o exercício de poderes típicos da Administração Pública.

No Brasil, a origem constitucional das agências reguladoras atine com os serviços de telecomunicações e de petróleo.[96] Consoante se verifica, as regras constitucionais em questão aludem a "órgãos reguladores", o que, em princípio, poderia indicar tendência de se atribuir tais competências à própria administração direta. Venturosamente, porém, adotou-se outro rumo, por sem dúvida que a autonomia imprescindível restaria comprometida com tão notória promiscuidade, expondo o agente regulador às mazelas da influência direta do Poder Político.

Como bem observa Figueiredo, desaconselha-se que tais misteres fiquem afetos a órgãos da administração direta. A uma, mercê da falta de personalidade jurídica, que lhes comprometeria a autonomia; a duas, como conseqüência, porque daí emergiria o natural risco de captura governamental, privilegiando os "desígnios do Poder conce-

---

[95] AGUILLAR, Fernando Herren. *Controle Social de Serviços Públicos.* São Paulo: Max Limonad, 1999, p. 233.
[96] Art. 21. Compete à União: (...) XI – explorar, diretamente ou mediante autorização, concessão ou permissão, os serviços de telecomunicações, nos termos da lei, que disporá sobre a organização dos serviços, *a criação de um órgão regulador* e outros aspectos institucionais; Art. 177 (...): A lei a que se refere o § 1º disporá sobre: III – a estrutura e atribuições do *órgão regulador do monopólio da União* (grifei)

dente, em detrimento dos demais envolvidos na relação de concessão".[97]

Em nosso meio, optou-se por deferir às agências reguladoras a natureza autárquica, concedendo-lhes autonomia administrativa, dirigidas por colegiados, cujos membros ostentam mandatos fixos, assim desfrutando de estabilidade.

Por certo, não se pode recusar alguma razão aos que pretendem tímida a formulação implementada. Com efeito, não faltam autores sustentando a "tese de que os entes reguladores independentes constituiriam uma terceira forma denominada 'Administração Independente'".[98]

Não padece dúvida que o modelo brasileiro se situou no meio-termo, perfilhando posição intermediária. Significa que, embora lhes dando feição autárquica, assim inserida na administração indireta, reconheceu-lhes o *status* de autarquias em *regime especial*. Nesse passo, conquanto o ordenamento não explicite em que consista o dito "regime especial", observa-se que, sempre que se "desejou conceder prerrogativas especiais a determinadas autarquias, mormente as relacionadas à ampliação de autonomia administrativa e financeira", instituiu-se-as sob tal denominação, mediante expressa menção na própria lei de criação.[99]

Entre nós, em todas as esferas, as agências reguladoras têm observado a *forma autárquica*. Assim, sua criação depende de lei específica (art. 37, XIX da CF), ostentam personalidade jurídica de direito público e possuem patrimônio próprio, sujeitando-se, portanto, aos ditames do Decreto-lei nº 200/67, que dispôs sobre a descentralização administrativa federal.

É certo, porém, que o modelo típico não se prestava, por inteiro, ao ideal de autonomia, porquanto o diploma de 1967 estabelecia o regime de vinculação administrativa, submetendo as autarquias à supervisão ministerial (art. 26 do Decreto-lei nº 200/67).

Por isso que, no afã de desvencilhá-las de nefasta ingerência política governamental, embora no silêncio da Carta Magna, às agên-

---

[97] FIGUEIREDO, Pedro Henrique Poli de. *A Regulação do Serviço Público Concedido*. Porto Alegre: Síntese, 1999, p. 58.
[98] SILVA, Fernando Quadros da. *Agências Reguladoras*. Curitiba: Juruá, 2002, p. 98.
[99] PAULO, Vicente e outro. *Agências Reguladoras*. Rio de Janeiro: Impetus, 2003, p. 24/26.

cias de regulação federais foi atribuída a especial denominação de *autarquias de regime especial*.

Em nosso país, as agências reguladoras de competência *nacional* são *setorizadas*, como ocorre no setor de serviços públicos de energia e telecomunicações (ANEEL e ANATEL).

Já as agências *estaduais*, ora em número de vinte e quatro,[100] predomina o caráter *multissetorial* (por exemplo, a ASEP, no Rio de Janeiro, e a AGERGS, no Rio Grande do Sul), havendo, porém, algumas com atuação setorizada (é o caso da ARTESP e da CSPE, em São Paulo).

A experiência *municipal* é mais restrita, tendo-se notícia de apenas quatro agências.[101] Três são setoriais: Agência Municipal de Regulação dos Serviços de Saneamento de Cachoeiro do Itapemirim – AGERSA; Agência Reguladora de Limpeza Urbana – ARLIMP (Fortaleza) e Agência Reguladora de Serviços de Saneamento Básico do Município de Natal – ARSBAN. Quanto à Agência de Regulação de Serviços Públicos Delegados de Campo Grande – ARCG, é multissetorial.

Preconiza-se, com inteira pertinência, que as atividades das agências reguladoras devam ser descentralizadas, notadamente, no caso das federais. Marques Neto assinala que "Aumentar a capilaridade e a penetração dos órgãos de regulação favorece tanto a percepção pelo indivíduo da atividade do regulador, quanto torna mais eficiente a atividade reguladora".[102] A propósito, merecem elogios os convênios que a ANEEL têm celebrado com congêneres estaduais, evitando que sua natural deficiência estrutural, na fase incipiente da agência, possa lhe comprometer a atuação. Aliás, tal foi percebido pelo próprio Governo, que, em Anteprojeto de lei submetido à consulta pública, que expirou em 15/10/2003, demonstra o propósito de estimular a articulação das agências reguladoras federais com similares estaduais e do Distrito Federal, "promovendo, sempre que possível, a descentralização de suas atividades, mediante convênios de cooperação" (art. 20).

---

[100] GUERRA, Sérgio. Controle Judicial dos Atos Regulatórios. Rio de Janeiro: Lumen Juris, 2005, p. 91.
[101] Idem, p. 92.
[102] NETO, Floriano Azevedo Marques. *Agências Reguladoras* – Instrumentos do Fortalecimento do Estado, p. 53.

Em qualquer caso, porém, o ordenamento jurídico tratou de conceder autonomia político-administrativa e econômico-financeira às agências.

Em exame abrangente das agências federais, Luís Roberto Barroso observa que, quanto à *autonomia administrativa*,

> a legislação instituidora de cada agência prevê um conjunto de cautelas e garantias, entre as quais normalmente se incluem: (i) nomeação dos diretores com lastro político (em âmbito federal, a nomeação é feita pelo Presidente da República, com aprovação do Senado); (ii) mandato fixo de três ou quatro anos; e (iii) impossibilidade de demissão dos diretores, salvo falta grave apurada mediante o devido processo legal.[103]

Na seara *econômico-financeira*, tem-se conferido às agências de regulação, "além das dotações orçamentárias gerais, a arrecadação de receitas provenientes de outras fontes, tais como taxas de fiscalização e regulação, ou ainda participações em contratos e convênios".[104]

3. A direção por colegiado: mandatos fixos e incoincidentes

A modelo do que ocorreu nos Estados Unidos da América, adotou-se a administração por colegiado, em relação às agências reguladoras brasileiras. Assim se procedeu, inicialmente, nas agências federais, orientação que foi seguida pelas congêneres estaduais e municipais.

Tal não significa novidade em nossa tradição administrativa, remontando as primeiras experiências ao período do Brasil Colônia, cuja administração se caracterizava por inúmeros órgãos colegiais (Tribunais, Mesas e Conselhos).[105]

É induvidoso que a prática denota preocupação com a *eficiência*, na medida em que as competências do órgão não são exercidas por uma só pessoa física, senão que resultam confiadas a uma pluralidade de membros, o que, naturalmente, assegura a expressão de opiniões compartilhadas.[106]

---

[103] BARROSO, Luís Roberto. Apontamentos Sobre as Agências Reguladoras. *In:* MORAES, Alexandre de (org.). *Agências Reguladoras*, p. 121/122
[104] Idem, p. 125.
[105] AGUILLAR, Fernando Herren. *Controle Social de Serviços Públicos*, p. 173.
[106] VERKUIL, Paul. The purposes and limits of independent agencies, p. 262 *apud* SILVA, Fernando Quadros da. Op. cit., p. 103.

Vale dizer, implicando a necessária busca de um consenso ou, ao menos, a exigência de maioria, que torna "mais distante a possibilidade de o dirigente submeter a instituição aos seus caprichos ou interesses pessoais".[107]

Aliás, orientação que tanto mais se coaduna com a pluralidade inerente à própria sociedade (art. 1º, V da CF), na medida em que, como se verá, em algumas agências, os membros dos órgãos de direção representam os interesses dos usuários e dos agentes regulados.

No caso específico das agências federais, veja-se que, ao instituir a ANEEL, a Lei n 9.427/96 atribuiu as funções diretivas a um órgão colegiado, a ser dirigido "por um Diretor-Geral e quatro Diretores" (art. 4º, *caput*), nomeados "para cumprir mandatos não coincidentes de quatro anos". A nomeação é ato de competência do Presidente da República, dependente de prévia aprovação do Senado Federal, a teor do art. 52, III, *f* (art. 5º e §§).

Quanto à ANATEL, criada pela Lei nº 9.472, de 16/7/97, tem como órgão máximo o Conselho Diretor (art. 8º, § 1º), integrado por cinco conselheiros (art. 20), com mandato de cinco anos (art. 24, *caput*), também incoincidente (art. 24, parágrafo único). O procedimento de investidura é idêntico aos dirigentes da ANEEL (art. 23).

Bem de ver, porém, que sobreveio a Lei nº 9.986, de 18/7/2000, estatuindo acerca da gestão de recursos humanos das agências, em especial, no tocante à ANEEL, à ANATEL e à ANP.

Em que pese se trate de lei ordinária, tendo em vista que edita *normas gerais*, sua incidência recai sobre as agências preexistentes, ressalvado dispositivo de cunho especial.[108] Assim, a própria duração e a não-coincidência dos mandatos têm sua regulação remetida à lei de criação de cada agência (arts. 6º e 7º).

Por certo, a disciplina jurídica apontada se conforma com a tendência geral experimentada nos próprios países europeus, em sintonia com a tradição norte-americana.

Pretende-se, todavia, modificar a disciplina legal da matéria. Trata-se do já aludido anteprojeto de lei, que se dispõe a unificar os mandatos de Conselheiros e Diretores das agências reguladoras, fixando-os em quatro anos, admitida uma única recondução (art. 22).

---

[107] SILVA, Fernando Quadros da. *Agências Reguladoras,* p. 103.
[108] JUSTEN FILHO, Marçal. *O Direito das Agências Reguladoras Independentes,* p. 422/423.

Mas nem sempre foi assim, convindo recordar emblemático precedente da Suprema Corte dos Estados Unidos, julgado em 1935, que reconheceu a peculiaridade das agências reguladoras, extremando-as das agências executivas e, por isso, requerendo imunidade ao controle do Poder Executivo. Trata-se do célebre caso *Humphrey Executor versus EUA*.[109]

De fato, se há aspecto que caracteriza a autonomia das agências reguladoras, este diz com a discricionariedade na exoneração de seus dirigentes.

No Brasil, ainda na vigência da CF de 1946, o Supremo Tribunal Federal placitou o entendimento de que os dirigentes dos entes autárquicos seriam de livre exoneração, inclusive editando a Súmula nº 25, *verbis*: "A nomeação a termo não impede a livre demissão, pelo Presidente da República, de ocupante de cargo dirigente de autarquia".

No mesmo diapasão, a Suprema Corte nacional concluiu no sentido da inconstitucionalidade da aprovação prévia dos nomes de tais dirigentes pela Assembléia Legislativa Estadual, vislumbrando afronta à independência dos Poderes (RTJ 101/468, 103/495 e 516; RDA 140/37, 149/76, 155/97 e 171; RT 595/249, etc.).[110]

Por certo, a orientação se afina com o modelo mantido no atual texto constitucional, segundo o qual compete ao Presidente da República "a direção superior da administração federal" (art. 84, II). Logo, como corolário, cabe-lhe, livremente, prover e exonerar os dirigentes da administração pública.

À evidência, porém, o exercício das funções regulatórias, em regime de autonomia, não se afigura compatível com tal concepção. Com efeito, admitir prerrogativas análogas em favor do Chefe do Executivo, quanto às agências reguladoras, significaria subjugá-las, expondo-as ao indesejável risco de captura pelo Poder Político.

Por isso, já a Lei nº 9.427/96 alinhava como "motivos para a exoneração de dirigentes da ANEEL, em qualquer época, a prática de ato de improbidade administrativa, a condenação penal transitada em julgado e o descumprimento injustificado do contrato de gestão" (art. 8º, parágrafo único).

---

[109] ABREU, Odilon Rebés. A Regulação do Sistema de Garantias do Cidadão. *In:* Marco Regulatório – A *Revista do AGERGS*, n. 2. Porto Alegre: AGERGS, 1999, p. 23/24.

[110] MEIRELLES, Hely Lopes. *Direito Administrativo Brasileiro*. 28. ed. São Paulo: Malheiros, 2003, p. 336.

Com efeito, ainda haveria o que aperfeiçoar, já que o *caput* facultava a "exoneração imotivada" do dirigente, se "promovida nos quatro meses iniciais de mandato".

De seu turno, a Lei nº 9.472/97 disciplinou a matéria de modo adequado, haja vista o art. 26, que restringia a perda de mandato dos membros do Conselho Diretor da ANATEL às hipóteses de "renúncia, de condenação transitada em julgado ou de processo administrativo disciplinar" (art. 26, *caput*). Quanto aos membros do Conselho Consultivo, contudo, a lei nada contemplou, omissão que conviria reparar.

Oportunamente, pondo termo às imperfeições anotadas, a superveniente Lei nº 9.986/00 vedou, modo peremptório, a exoneração *ad nutum* dos dirigentes. Desde então, "Os Conselheiros e os Diretores somente perderão o mandato em caso de renúncia, de condenação judicial transitada em julgado ou de processo administrativo disciplinar" (art. 9º, *caput*).

Ainda recentemente, embora em âmbito estadual, a matéria foi objeto de debate. Na espécie, o Governador do Estado do Rio Grande do Sul ajuizou ação declaratória de inconstitucionalidade (ADIn 1949-0), tendo por objeto os artigos 7º e 8º da Lei nº 10.931, de 9/1/97, instituidora da AGERGS, com a redação que lhes deu a Lei nº 11.292, de 23/12/98,. Pleiteava, em síntese, a supressão de expressões que condicionavam a nomeação dos conselheiros à aprovação pela Assembléia Legislativa e restringiam sua destituição à decisão daquele órgão legislativo. Sustentava que a agência ostenta função planejadora, assim estando inscrita no âmbito do Executivo. Logo, devendo obediência ao Chefe do Poder Executivo.[111]

De plena adequação, o comentário de Eduardo Battaglia Krause, para quem a decisão do Supremo Tribunal Federal tem "abrangência nacional", porquanto implicou reconhecimento de que "o Conselheiro ou dirigente máximo de uma agência de regulação tem preservado seu mandato até que fato delituoso claramente tipificado, embasado em justo motivo, determine a sua exoneração".[112]

Sem dúvida, entre tão raros pronunciamentos sobre as agências, assume particular importância o aludido julgado, que, última análise, assim reconheceu a estabilidade de seus dirigentes como elemento imprescindível a sua própria autonomia.

---

[111] Marco Regulatório n. 3 – *Revista da AGERGS*. Porto Alegre: AGERGS, 2000, p. 51.
[112] Idem, p. 54.

Mas, se é decisiva a estabilidade dos dirigentes, à evidência, também se deve exaltar a conveniência de que seus mandatos não coincidam, situação que se viabiliza ao ensejo da nomeação dos primeiros dirigentes, bastando que se lhes atribua mandatos por prazos diversos.

Marçal Justen Filho sinala que, assim, "Um mesmo governante não disporá da faculdade de impor o nome de todos os administradores. Quando menos, a nomeação far-se-á em momentos distintos, o que assegura ausência de homogeneidade política dos administradores",[113] contribuindo para prevenir o risco de captura pelo Poder Público.

Oportunamente, a Lei nº 9.986/00 estatui norma expressa a respeito (art. 7º), sacramentando a incoincidência de mandatos para todas as agências.

Entretanto, a sistemática vigente no plano federal ainda carece de aperfeiçoamento.

Veja-se que, no caso da AGERGS, nem todos os componentes do Conselho Superior, órgão diretivo máximo, são de escolha exclusiva do Governador do Estado. Assim, de um total de sete membros, apenas três são de sua livre indicação. Quanto aos demais, um, será indicado pelo Chefe do Executivo, mas na condição de representante do quadro de servidores da AGERGS, conforme lista tríplice por eles elaborada; dois, serão indicados por órgãos de defesa dos consumidores, sendo que o último representará os concessionários, permissionários e autorizatários de serviços públicos no Estado (Lei Estadual nº 10.931/97, art. 6º). Sempre, frise-se, com a devida aprovação pela Assembléia Legislativa (art. 7º).

No caso, assegura-se representação plural, na própria direção da agência, que se constitui em indicativo seguro de que, efetivamente, pretende-se garantir efetiva autonomia aos entes reguladores.

Questão interessante e que também dá margem a discussões, diz respeito à extensão dos mandatos além de um período governamental. Bandeira de Mello reprova a prática, entendendo que, última análise, constitui-se em empecilho a que o Chefe do Executivo imprima a orientação política e administrativa sufragada nas urnas.[114] Leila Cuél-

---
[113] JUSTEN FILHO, Marçal. *O Direito das Agências Reguladoras Independentes*, p. 446.
[114] BANDEIRA DE MELLO, Celso Antonio. *Curso de Direito Administrativo*. 15. ed. São Paulo: Malheiros, 2003, p. 160.

lar vai mais adiante, vislumbrando inconstitucionalidade, por afronta ao próprio princípio democrático.[115]

Em que pese o valor das críticas, parece superior a posição de Lúcia Valle Figueiredo, para quem, antes de atentado à independência dos poderes, tal limitação ao Chefe do Executivo resulta saudável, "para que não houvesse troca de favores, mas sim total independência".[116] Desenganadamente, a orientação perfilhada em nosso ordenamento se justifica, minimizando o risco de captura e reforçando a autonomia inerente às agências.

4. A autonomia financeira

Como é intuitivo, a autonomia das agências reguladoras depende de se lhes conferir receitas próprias.

No caso da ANEEL, a Lei nº 9.427/96 elencou diversas fontes de recursos, pontificando os de origem orçamentária, os oriundos da cobrança de taxas de fiscalização sobre serviços de energia elétrica e provenientes de convênios e acordos ou contratos celebrados com empresas (art.11). Merece registro, porém, a regra do § único, segundo a qual as receitas previstas da agência deverão "dispensar, no prazo máximo de três anos, os recursos ordinários do Tesouro Nacional". Motta critica a norma, por omitir qualquer sanção no caso de a ANEEL não ter condições de dispensar os recursos do Tesouro Nacional. Por outro lado, ainda acoima de temerária tal prescrição, eis que sua aplicação poderá comprometer a própria autonomia da agência.[117]

Quanto à ANATEL, a Lei nº 9.472/97 assegurou o produto da arrecadação das taxas de fiscalização de instalação e de funcionamento (Lei nº 5.070/66), bem assim aqueles originários do orçamento anual (arts. 47 e 49). Na espécie, o legislador mostrou-se mais preocupado em relação à congênere citada. Com efeito, sinale-se o art. 15, que, ao vedar limites nos seus valores para movimentação e empenho, "pretendeu impedir o denominado 'contingenciamento orçamentário', sempre tão presente na Administração Pública nacional".[118]

---

[115] *As Agências Reguladoras e seu Poder Normativo*. São Paulo: Dialética, 2001, p. 89.
[116] *Curso de Direito Administrativo*. 6. ed. São Paulo: Malheiros, 2003, p. 143.
[117] MOTTA, Paulo Roberto Ferreira. *Agências Reguladoras*, p. 115.
[118] Idem, p. 116.

Seja como for, é evidente que a dependência de recursos orçamentários fragiliza as agências reguladoras, justificando a observação de Justen Filho que "a simples alocação orçamentária de verbas é insuficiente para atribuição de alguma segurança às entidades destinatárias. A liberação de verbas orçamentárias produz, em não poucas hipóteses, práticas reprováveis de clientelismo".[119]

Nesse contexto, assume especial realce a "taxa de regulação" ou "taxa de fiscalização dos serviços concedidos ou permitidos", devida pelo delegatário à agência, cujo valor é calculado com base em percentual sobre o proveito obtido com a delegação.

A propósito, *en passant*, consigne-se a controvérsia que lavra acerca da natureza jurídica das ditas taxas, que assim se justificariam por exigidas em face do exercício do poder de polícia. Não faltam, porém, os que divergem, ao fundamento de "que a agência não exerce poder de polícia sobre os concessionários, mas sim um dever de fiscalização, fulcrado no contrato de concessão". É que "o poder de polícia incide apenas sobre atividades privadas, não sobre serviços, monopólios ou bens públicos, que, como sabemos, são, ainda que explorados por particulares, de titularidade estatal".[120]

Villela Souto tampouco aceita o enquadramento como contribuição parafiscal de intervenção no domínio econômico (art. 149 da CF), pretendendo se constitua em remuneração de natureza obrigacional.[121]

Todavia, contesta-o Justen Filho, esgrimindo que tal exigência não tem arrimo contratual, sendo certo que a função regulatória não é atividade regida pelo Direito Privado.[122]

O tema é controverso, convindo lembrar que a "taxa de regulação" instituída no Estado do Rio Grande do Sul teve reconhecida sua constitucionalidade pelo Supremo Tribunal Federal, em recente aresto.[123]

---

[119] JUSTEN FILHO, Marçal. *O Direito das Agências Reguladoras Independentes*, p. 476.

[120] ARAGÃO, Alexandre Santos de. *Agências Reguladoras e a Evolução do Direito Administrativo Econômico*, p. 332.

[121] *Agências Reguladoras*, RDA 216: 143-146, 1999.

[122] JUSTEN FILHO, Marçal. *O Direito das Agências Reguladoras Independentes*, p. 474/475.

[123] EMENTA: (1) Ação Direta de Inconstitucionalidade. (2) Art. 1º, II, da Lei nº 11.073, de 30.12.1997, que acrescentou os §§ 7º e 8º ao art. 6º da Lei nº 8.109, de 1985, do Estado do Rio Grande do Sul; Art. 1º, VI, da Lei nº 11.073, de 1997, que inseriu o inciso IX na Tabela de Incidência da Lei nº 8.109, de 1985; Decreto estadual nº 39.228, de 29.12.1998, que regulamentou a incidência da taxa impugnada. (3) Alegada violação aos arts. 145, II e 145, §2º, da Constituição. (4) Taxa de Fiscalização e Controle de Serviços Públicos Delegados, instituída em

5. O (des)cabimento dos contratos de gestão

Não há como se conceber no Estado Democrático de Direito a atuação do Poder Público à margem de controle. Se todo o poder emana do povo (art. 1º da CF), é óbvio que somente restará legítimo quando exercido em seu proveito.[124]

No âmbito das entidades da administração indireta, incide a chamada *tutela*, definida por Bandeira de Mello como "o poder de influir sobre elas, com o propósito de conformá-las ao cumprimento dos objetivos públicos em vistas das quais foram criadas, harmonizando-as com a atuação administrativa global do Estado",[125] ensejando a "supervisão ministerial", disciplinada no art. 26 do Decreto-lei nº 200/67.

Se a criação de pessoas jurídicas administrativas tem por objetivo descentralizar a prestação de serviços públicos, remanesce à Administração Pública direta o encargo de fiscalizar suas atividades, de modo a garantir a observância das finalidades que lhes foram atribuídas. Dessarte, sem embargo da *autonomia*, que lhes é inerente, por outro lado, impõe-se o *controle* "para que a pessoa jurídica política (União, Estado ou Município) que instituiu a entidade da Administração Indireta se assegure de que ela está agindo de conformidade com os fins que justificaram a sua criação".[126]

Mais recentemente, porém, introduziu-se inovação no mecanismo de controle sobre as descentralizadas. Trata-se dos *contratos de gestão*, importados do direito francês, que consistem em "ajuste entre, de um lado, a administração pública indireta e, de outro, entidade da administração indireta ou entidade privada que atuam paralelamente ao Estado e que poderiam ser enquadradas, por suas características, como entidades paraestatais".[127]

---

favor da Agência Estadual de Regulação dos Serviços Públicos Delegados do Rio Grande do Sul – AGERGS, autarquia estadual. (5) O faturamento, no caso, é apenas critério para incidência da taxa, não havendo incidência sobre o faturamento. Precedente (RE 177.835, Rel. Min. Carlos Velloso) (6) Improcedência da ação direta quanto aos dispositivos legais e não conhecimento quanto ao Decreto nº 39.228, de 1988. (ADIn nº 1.948-RS, Pleno, Rel. Min. Gilmar Mendes, julg. em 04/09/02, publ. no DJU em 07/02/03).

[124] SOARES, Fabiana de Menezes. *Direito Administrativo de Participação*. Belo Horizonte: Del Rey, 1997, p. 67.

[125] BANDEIRA DE MELLO, Celso Antonio. *Curso de Direito Administrativo*, p. 149.

[126] DI PIETRO, Maria Sylvia Zanella. *Direito Administrativo*. 15. ed. São Paulo: Atlas, 2002, p. 73.

[127] Idem, p. 290.

De início, o instituto se assentou em dispositivo infralegal (Decreto nº 137, de 27/5/91), com base no qual foram celebrados contratos com a Companhia Vale do Rio Doce e com a Petrobrás.

Por fim, a Emenda Constitucional n° 19 atribuiu *status* constitucional aos contratos de gestão, haja vista o art. 37, § 8°, no qual se estabeleceu que

> a autonomia gerencial, orçamentária e financeira dos órgãos e entidades da administração direta e indireta poderá ser ampliada mediante contrato, entre seus administradores e o poder público, que tenha por objeto a fixação de metas de desempenho para o órgão ou entidade.

Entretanto, a novidade não fugiu a candentes críticas, entre as quais as de Bandeira de Mello, para quem mero contrato não poderia ampliar autonomia delimitada em lei. A seu sentir, somente a edição da lei regulamentadora referida no dispositivo constitucional poderá conformar o contrato com a sistemática vigente.[128]

No mesmo diapasão, as objeções de Jessé Torres Pereira Junior, para quem é incompreensível se possa, mediante contrato, promover alteração no âmbito de autonomia conferida por lei.[129]

Ainda em contrário à natureza contratual do instituto, relembre-se o entendimento de Egon Bockmann Moreira, que reputa o chamado contrato de gestão como "um ato jurídico complexo, praticado no exercício da competência específica dos respectivos órgãos e entidades signatários".[130]

A questão acresce em dificuldades, porém, quando se verifica que o instituto teve acolhimento no contexto das agências reguladoras.

Com efeito, a Lei nº 9.427/96, que instituiu a ANEEL, assim dispôs, expressamente:

> Art. 7º. A administração da ANEEL será objeto de contrato de gestão, negociado e celebrado entre a Diretoria e o Poder Executivo no prazo máximo de noventa dias após a nomeação do Diretor-Geral, devendo uma cópia do instrumento ser encaminhada para registro no Tribunal de Contas, onde servirá de peça de referência em auditoria operacional.
>
> § 1º O contrato de gestão será o instrumento de controle da autuação administrativa da autarquia e da avaliação do seu desempenho e elemento integrante da prestação de contas do Ministério de Minas e Energia e da ANEEL.

---

[128] BANDEIRA DE MELLO, Celso Antonio. *Curso de Direito Administrativo*, p. 211.

[129] *Da Reforma Administrativa Constitucional*. Rio de Janeiro: Renovar, 1999, p. 173/177.

[130] "As Agências Executivas Brasileiras e os 'Contratos de Gestão'". *In: Revista de Direito Administrativo*, n. 229, jul/set 2002, p. 148.

Aliás, também assim se regrou, quanto a ANVISA (arts. 19 e 20 da Lei n° 9.782/99) e quanto a ANS (arts. 14 e 15 da Lei n° 9.961/00). Cabe referir que, a essa altura, o primeiro contrato de gestão há muito celebrado entre o Ministério de Minas e Energia e a ANEEL, cujo extrato (e não o texto integral) foi publicado no Diário Oficial da União, Seção 3, p. 1, de 31/12/98, assim constando, quanto ao *objeto*:

> Estabelecimento de metas de resultados de gestão da ANEEL, decorrentes das políticas e diretrizes do governo federal, determinados através do MME, e das funções que lhe foram atribuídas na qualidade de agência reguladora e fiscalizadora do mercado de energia elétrica, de forma a permitir a adequada coordenação e avaliação de suas atividades, respeitada a autonomia patrimonial, administrativa e financeira estabelecidas no art. 1º, do Decreto nº 2.335, de 1997.

Sua vigência estava programada até 31/12/00, prevendo-se a renovação por períodos sucessivos de quatro anos. Desde então, porém, jamais foi renovado o contrato original, o que, no entanto, não exclui a vinculação administrativa da ANEEL ao Ministério de Minas e Energia.

À evidência, o teor do contrato de gestão celebrado estampa a incongruência da situação.

Consoante argumenta Motta, com inteira pertinência,

> O objeto do contrato de gestão é o de propiciar maior autonomia gerencial, administrativa e financeira ao contratado. O objetivo da criação de uma agência reguladora é basicamente o mesmo, ou seja, propiciar maior autonomia gerencial, administrativa e financeira à autarquia.[131]

De conseguinte, resulta questionável a aplicação do instituto às agências reguladoras, evidenciando a sua introdução o criticável intuito de lhes comprometer a indispensável autonomia.

Aliás, a essa altura, delineia-se o franco propósito de se incrementar o prestígio dos contratos de gestão. Com efeito, tal como consta no Anteprojeto de lei recém elaborado, já submetido à consulta pública, pretende o Governo ampliar sua obrigatoriedade, estendendo-os a todas as agências reguladoras federais, inclusive à ANATEL, que, até então, se mantivera incólume ao controvertido controle. Aliás, a prosperarem os termos do Anteprojeto e a intromissão do Governo aumentará. É que, além da negociação a ser travada entre a direção da agência e o Ministério da Pasta a que estiver vinculada, ainda haverão de ser ouvidos, previamente, os Ministros de Estado da Fazenda e do Planejamento, Orçamento e Gestão (art. 8º, *caput*). Por outro lado, o contrato

---
[131] MOTTA, Paulo Roberto Ferreira. *Agências Reguladoras*, p. 132.

ainda dependerá da apreciação do conselho de política setorial da área de atuação da agência reguladora, quando houver (art. 8º, § 1º).

Sem dúvida, aguarda-se que o Congresso Nacional execute sua função com independência e visão, zelando para que a autonomia das agências reguladoras não seja solapada com inovações nefastas à isenção que devem ostentar.

6. O regime jurídico dos servidores

O regime de pessoal das agências reguladoras impõe duplo enfoque.

De um lado, há a disciplina específica, aplicável aos seus *dirigentes*, e que já mereceu abordagem no presente trabalho (Parte II, item nº 3).

No tocante aos *servidores* das agências, de saída, cabe registrar a conveniência de que sejam submetidos ao regime estatutário, porquanto tal se coaduna com a natureza inerente à sua própria atividade, que é típica de Estado. Não se atina que tais funções sejam desempenhadas sob regime celetista, o qual permite ruptura unilateral e imotivada do vínculo, por iniciativa da Administração Pública.

Conforme assevera Aragão, para exercerem adequadamente suas funções, tais servidores carecem de "elevada independência frente aos poderes político e econômico", requerendo as "devidas garantias institucionais, notadamente a estabilidade, garantias estas exclusivas de cargos, jamais de empregos públicos".[132] Conquanto até hoje penda de regulamentação o art. 247 da Carta Magna, é indiscutível que tais servidores se inscrevem entre os exercentes de *atividades exclusivas de Estado*, razão por que não se atina com a aplicação de outro regime, que não seja o estatutário.

Evidentemente, andou mal a Lei nº 9.986/00, que, na esteira da extinção do regime jurídico único obrigatório (art. 39, *caput* da CF), pretendeu introduzir o regime de emprego nas agências reguladoras. Na ocasião, a impropriedade foi corrigida, graças ao oportuno ajuizamento da ADIn nº 2.310-1, que logrou sustar a vigência de seus artigos 1º, 2º e parágrafo único, embora em sede de liminar. Entretanto, a

---

[132] ARAGÃO, Alexandre Santos de. *Agências Reguladoras e a Evolução do Direito Administrativo Econômico*, p. 326.

solução definitiva somente se implementou em face da Lei n° 10.871, de 20/05/04. O aludido diploma, além de revogar os malsinados dispositivos da Lei n° 9.986/00, criou as carreiras necessárias ao funcionamento das agências reguladoras (art. 1°). Por outro lado, estabeleceu sua submissão ao regime estatutário, previsto na Lei n° 8.112/90, embora ditando regras específicas, inclusive sobre avaliação de desempenho (art. 6°, *caput*). Prescreveu, ademais, seu provimento por meio de concurso público de provas ou de provas e títulos (art. 14). Ademais, facultou às agências reguladoras a contratação de servidores por tempo determinado, pelo prazo de doze meses, nos termos da Lei n° 8.745/93, assim afastando o regime celetista, inclusive, em situações transitórias (art. 30).

7. Funções das Agências Reguladoras

A partir da própria noção de regulação, extrai-se que as agências reguladoras devem desempenhar funções básicas, quais sejam, "a de estabelecer normas, de fiscalizar, de aplicar sanções e de compor conflitos".[133]

7.1. Poder normativo

A priori, cabe reconhecer o poder normativo naturalmente conexo à atividade regulatória.

No caso da ANATEL, a competência normativa vem declinada em regras explícitas do art. 19 da Lei n° 9.472/97.[134] Por certo, assim não consta na Lei n° 9.472/96, no tocante à ANEEL. Entretanto, a mera atribuição das "incumbências prescritas nos arts. 29 e 30 da Lei n° 8.987/95, de 13 de fevereiro de 1995" (art. 3°), confere-lhe o poder de

---

[133] ARAGÃO, Alexandre Santos de. *Agências Reguladoras e a Evolução do Direito Administrativo Econômico,* p. 316.
[134] 'IV – expedir normas quanto à outorga, prestação e fruição dos serviços de telecomunicações no regime público;
(...)
XII – expedir normas e padrões a serem cumpridos pelas prestadoras de serviços de telecomunicações no regime público;
(...)
XIV – expedir normas e padrões que assegurem a compatibilidade, a operação integrada e a interconexão entre as redes, abrangendo inclusive os equipamentos terminais.

normatizar "as relações entre as delegatárias e estas e os usuários-consumidores".[135]

Assim indiscutível a competência normativa inerente às agências reguladoras, adquire relevo apurar se tais atos caracterizam *regulamentos autônomos ou independentes,* que poderiam prescindir de prévia reserva legal.

Sem dúvida, insere-se na tradição de nosso direito o exercício pelo Chefe do Poder Executivo do poder regulamentar, mediante a edição dos *regulamentos de execução ou executivos,* por meio de decretos, os quais deverão evidenciar e explicitar todas as previsões legais, decidindo a melhor forma de executá-la e, eventualmente, inclusive, suprindo suas lacunas de prática ou técnica.[136] Jamais, porém, sem se descurar dos limites da lei, sob pena de ilegalidade.[137] Trata-se de competência ora prevista no art. 84, IV da CF, entre as exclusivas do Presidente da República.[138]

Já com relação aos *regulamentos autônomos,* verifica-se que eram admitidos na Carta Magna anterior, em face do art. 81, V, que atribuía ao Presidente da República a competência para "dispor sobre a estruturação, atribuições e funcionamento dos órgãos da administração", independentemente da lei. Sucede que a Constituição de 1988 modificou tal norma, desde então prevendo que a competência "para dispor sobre a organização e o funcionamento da administração federal" deveria se fazer "na forma da lei" (art. 84, VI). Vale dizer que, desde então, os regulamentos autônomos restaram desautorizados.[139]

Mais adiante, porém, a EC nº 32/01 imprimiu nova redação ao dispositivo, restaurando a viabilidade dos regulamentos autônomos, quer na organização da administração pública, quer na extinção de funções e cargos, se vagos (alíneas *a* e *b*).

Sem embargo, não se vislumbra qualquer outra hipótese que respalde a edição de regulamentos autônomos, prescindindo a existência de lei.

---

[135] ARAGÃO, Alexandre Santos de. Op. cit., p. 384.
[136] MORAES, Alexandre de. *Direito Constitucional.* 11. ed. São Paulo: Atlas, 2002, p. 427.
[137] GASPARINI, Diógenes. *Direito Administrativo.* 5. ed. São Paulo: Saraiva, 2000, p. 112.
[138] "IV – sancionar, promulgar e fazer publicar as leis, bem como expedir decretos e regulamentos para sua fiel execução".
[139] BRUNA, Sérgio Varella. *Agências Reguladoras:* Poder Normativo, Consulta Pública, Revisão Judicial. São Paulo: Revista dos Tribunais, 2003, p. 89.

É induvidoso que, ainda antes da Carta de 1988, foram criados o Conselho Monetário Nacional e a Comissão de Valores Mobiliários, dotados de inequívocas funções normativas. Nem por isso, contudo, pode-se reconhecer o exercício de poder regulamentar autônomo, até porque, em ambos os casos, tais funções decorriam de previsões legais (respectivamente, as Leis n°s 4.595/64 e 6.385/76).

Assoma procedente, portanto, a objeção de Geraldo Ataliba, para quem o regulamento autônomo sequer deveria ser tratado na doutrina nacional por total incompatibilidade do instituto jurídico com o nosso sistema constitucional, fazendo, inclusive, acirrada crítica aos doutrinadores nacionais que buscaram na doutrina estrangeira subsídios para tratar do instituto, alegando terem eles cabimento apenas em sistemas como o francês, onde ao Executivo se reservam áreas de atuação normativa.[140]

Acerca da matéria, convém se reportar a Sundfeld, que, embora entusiasta do modelo regulatório pátrio, apressa-se a esclarecer:

> Quando reconheço ser constitucionalmente viável que elas desfrutem de um tal poder (normativo), de modo algum estou sugerindo que elas produzam "regulamentos autônomos" ou coisa parecida, pois todas as suas competências devem ter base legal – mesmo porque só a lei pode criá-las, conferindo-lhes (ou não) poderes normativos.[141]

Ainda que raros os seus pronunciamentos acerca das agências reguladoras, a respeito, o Supremo Tribunal Federal teve o ensejo de decidir, em face da ADIn nº 1.668-DF, em que se argüiu como inconstitucional, dentre outros, o art. 19, IV e X da Lei nº 9.472/97 (Lei Geral de Telecomunicações). Na ocasião, o Excelso Pretório deferiu, em parte, o pedido de medida cautelar, para, quanto às regras mencionadas,

> sem redução do texto, dar-lhes interpretação conforme à Constituição Federal, com o objetivo de fixar exegese segundo a qual a competência da Agência Nacional de Telecomunicações para expedir normas subordina-se aos preceitos legais e regulamentares que regem a outorga, prestação e fruição dos serviços de telecomunicações no regime público e no regime privado, vencido o Ministro Moreira Alves, que o indeferia (Plenário, 20/8/98).

---

[140] Poder Regulamentar do Executivo. *In:* Revista de Direito Público, n. 57/58, p. 197 *apud* NUNES, Simone Lahorgue. *Os Fundamentos e os Limites do Poder Regulamentar no âmbito do Mercado Financeiro.* São Paulo: Renovar, 2000, p. 110.
[141] SUNDFELD, Carlos Ari. Introdução às Agências Reguladoras. *In: Direito Administrativo Econômico*, p. 27.

A respeito, Motta labora em acerto, quando argumenta que remanesceria

> para as agências reguladoras, apenas e tão-somente, não inovando a ordem jurídica, editar atos normativos sobre matérias estritamente técnicas. Os *standards* então estariam traçados nas leis. As leis criadoras das agências reguladoras estabelecem os balizamentos gerias da regulação em matéria de telecomunicações, por exemplo, e restaria à agência reguladora, no exercício da função normativa, "a particularização da regra, provendo os pormenores para sua concretização.[142]

7.2. Poder de fiscalização

No tocante à fiscalização, por certo, poderá variar, conforme se trate de agência "(a) reguladora de serviços públicos, caso em que será um dever inerente ao Poder Concedente, (b) regulação da exploração privada de monopólio ou bem público, quando o fundamento da fiscalização é contratual, ou (c) regulação de atividade econômica privada, em que a natureza da fiscalização é oriunda do poder de polícia".[143]

A propósito, corresponde ao que Magide Herrero denomina *supervisão*, qual seja "a atividade de garantia da ordenação de um setor ou de uma atividade", última análise, apresentando-se "como uma atividade dirigida à garantia do Direito".[144]

Ainda consoante o renomado autor espanhol, cuida-se de ação que se realiza "em parte mediante atuações materialmente semelhantes às que desenvolvem com normalidade os órgãos jurisdicionais", caracterizando-se, porém, por "uma faceta de controle prévio" (prevenção).[145]

No entendimento de Motta, tem-se, nesse caso, a chamada função administrativa, que visa à "exigência de condutas previamente estabelecidas em lei, quer por parte das empresas prestadoras, quer por parte dos usuários".[146]

Sinale-se que, tanto no caso da ANEEL (art. 12 da Lei nº 9.472/96), como no da ANATEL (art. 47 da Lei nº 9.472/97), há a

---

[142] MOTTA, Paulo Roberto Ferreira. *Agências Reguladoras*, p. 168/169.
[143] ARAGÃO, Alexandre Santos de. *Agências Reguladoras e a Evolução do Direito Administrativo Econômico*, p. 317.
[144] HERRERO, Mariano Magide. *Límites Constitucionales de las Administraciones Independientes*, p. 355.
[145] Idem, p. 356.
[146] MOTTA, Paulo Roberto Ferreira. *Agências Reguladoras*, p. 187.

previsão de *taxas de fiscalização*, que revertem, respectivamente, a investimentos no setor elétrico (art. 13, § 2º da Lei nº 9.472/96) e ao Fundo de Fiscalização das Telecomunicações – FISTEL (art. 47 da Lei nº 9.472/97).

7.3. Poder de aplicar sanções e de compor conflitos (mediação e arbitragem)

Ao fim, tem-se a denominada *função jurisdicional* das agências reguladoras, que abarca os poderes de aplicação de sanções e solução de conflitos entre os usuários, os agentes regulados e o próprio poder concedente. Evidentemente, no sistema pátrio, não se deverá perder de vista a prevalência do *princípio da unidade de jursidição*, albergado no art. 5º, XXXV da CF. Por isso que, sem se negar o acesso ao Poder Judiciário, tal se constitui em sede alternativa para a composição dos litígios emergentes da prestação de serviços públicos delegados.

Trata-se de função destinada à própria tutela dos destinatários do serviço público, que tem amparo no direito comparado. Nessa esteira, invoque-se a Resolução nº 39/248 de 16/04/1985 da Assembléia Geral das Nações Unidas, que, entre as 'Diretrizes para proteção do consumidor', concitou os governos ao encorajamento de "todos os empreendimentos a resolverem os conflitos com consumidores de modo justo, rápido e informal, e estabelecer mecanismos-modelo, incluindo serviços consultivos e procedimentos de queixas informais, os quais podem fornecer ajuda as consumidores". (item nº 29) [147]

De seu turno, por meio da Decisão 283/1999/CE, de 25/01/99, o Parlamento Europeu e o Conselho da União Européia estabeleceram "quadro geral de atividades destinado a promover os interesses dos consumidores e a assegurar-lhes um nível elevado de proteção" (art. 1º).[148]

Entre as atividades listadas, emprestou-se especial ênfase à proteção dos interesses econômicos e jurídicos dos consumidores, nomeadamente, "o acesso à resolução de litígios, em matéria de produtos e serviços" (Anexo, item nº 2).

---

[147] ALLEMAR, Aguinaldo. *Legislação de Consumo no Âmbito da ONU e da União Européia*. Curitiba: JURUÁ, 2002, p. 28.
[148] ALLEMAR, Aguinaldo. Op. cit., p. 155.

No âmbito da legislação brasileira, em especial, no que diz com os serviços públicos concedidos e permitidos, a Lei n° 8.987/95 determina que os contratos de concessão devem conter cláusula que preveja "modo amigável de solução das divergências contratuais" (art. 23, XV).

Mercê do advento das agências reguladoras, por certo, a reserva de tal competência depende de expressa previsão legal, convindo assinalar a advertência de Conrado Hübner Mendes:

> As agências só podem usufruir a competência de dirimir conflitos se garantirem igualdade entre as partes no procedimento e admitirem o posterior controle jurisdicional (apellate review theory), concluindo que a procedimentalização do agir estatal garante os parâmetros necessários para uma posterior análise judicial. [149]

No tocante à ANEEL, a Lei n° 9.472/96 prevê, por expresso, sua competência para "dirimir, no âmbito administrativo, as divergências entre concessionárias, permissionárias, autorizadas, produtores independentes e autoprodutores, bem como entre esses agentes e seus consumidores" (art. 3°, V). A matéria foi objeto de regulamentação no Decreto n° 2.335, de 6/10/1997, que prescreve a atuação da agência, com vistas à solução de divergências, seja prevenindo sua ocorrência ou as dirimindo, quando, na falta de entendimento entre as partes, caber-lhe-á decidir, "com força determinativa" (art. 18).

Entretanto, não há como recusar crítica à norma do art. 22, § 1° do Decreto, *verbis*:

> As reuniões da Diretoria da ANEEL que se destinem a resolver pendências entre agentes econômicos do setor de energia elétrica e entre esses e consumidores, assim como a julgar infrações à lei e aos regulamentos, poderão ser públicas, a critério da Diretoria, permitida sua gravação por meios eletrônicos e assegurado aos interessados o direito de obter as respectivas transcrições.

Ora, se, à luz do próprio *caput*, o processo decisório da ANEEL deve pautar por observância do princípio da "ampla publicidade", não se atina com dispositivo que limite o acesso aos próprios interessados. Em se tratando de matéria de ordem pública, não se deverá, sequer, obstar o acesso a qualquer cidadão, sob pena de se fazer tábua rasa ao princípio da *publicidade*, consagrado no art. 37, *caput* da CF.

---

[149] MENDES, Conrado Hübner, Reforma do Estado e Agências Reguladoras: Estabelecendo os Parâmetros de Discussão. p. 122/131, *In: Direito Administrativo Econômico*.

Nesse passo, andou bem a Lei nº 9.472/97, que, dispondo sobre as sessões deliberativas do Conselho Diretor da ANATEL, reza em sentido oposto, determinando, por expresso, que "serão públicas" (art. 21, § 2º).

Quanto à prerrogativa de penalização, deflui do art. 29, II da Lei nº 8.987/95, ao qual se reporta, explicitamente, o art. 3º da Lei nº 9.427/96.

Como se sabe, não há dispositivo que declare a ANEEL última instância administrativa decisória, donde resulta que, embora pioneira, teve sua autonomia comprometida, o que, diga-se de passagem, não destoa da obrigatória celebração do contrato de gestão, verdadeiro "instrumento de controle da atuação administrativa da autarquia" (art. 7º, § 1º da Lei nº 9.427/96).

De outra banda, a ANATEL recolhe do art. 19, XVII da Lei nº 9.472/97 a competência para "compor administrativamente conflitos de interesses entre prestadoras de serviço de telecomunicações", assistindo-lhe a prerrogativa de "reprimir infrações dos direitos dos usuários", a teor do art. 19, XVIII do mesmo diploma.

Com relação à ANATEL, porém, garantiu-se-lhe efetiva autonomia, mercê do art. 19, XXV, o qual prevê competência para "decidir em último grau sobre as matérias de sua alçada, sempre admitido recurso ao Conselho Diretor". Vale dizer, obstando a interposição de recurso hierárquico impróprio ao Ministro, que, como é curial, exigiria expressa previsão.

Sem dúvida, tal significa efetiva evolução, na medida em que se principia a reconhecer que a "administração pública sempre apresenta resultados superiores quando atua na linha do consenso, como, por exemplo, quando logra substituir a imposição de uma conduta pelo fomento ao cumprimento espontâneo".[150]

Cabe ao Estado, como bem adverte Marques Neto,

se afastar de seu caráter autoritário. Tem que abandonar a perspectiva da unilateralidade em favor da transação: o *poder extroverso*, confrontado com uma crise de efetividade, tem de se transmutar, no exercício de algumas de suas funções, em *poder consensado*, em mediador ativo das relações sociais e econômicas.[151]

---

[150] MOREIRA NETO, Diogo Figueiredo de. *Mutações do Direito Administrativo*. 2. ed. Rio de Janeiro – São Paulo: Renovar, 2001, p. 124.
[151] MARQUES NETO, Floriano Azevedo. A Nova Regulação Estatal e as Agências Independentes. In: SUNDFELD, Carlos Ari (Coord.). *Direito Administrativo Econômico*. São Paulo: Malheiros, 2000, p. 79.

No caso das agências, aliás, destaca-se uma projeção de efeitos para o futuro, de modo que sua função reguladora revela "um marcante caráter prospectivo de realização das políticas públicas cuja implementação lhes incumbe". Por isso que, antes de mera solução de litígios, "objetiva precipuamente a composição de latentes conflitos inter subsetoriais (ex: entre determinadas categorias de consumidores, entre consumidores e concessionários, entre estas e o Estado, etc.)".[152]

Justifica-se, por isso, a recomendação de Menezello, no sentido de que sejam disponibilizadas "as decisões originárias de mediação dos recursos administrativos, sejam elas assentadas por meio de súmulas, quando o assunto envolver decisões reiteradas, ou de ementas".[153]

É curial que as relações de concessões de serviços públicos gerem interesses múltiplos e, não raro, divergentes, ensejando conflitos, os mais variados, desde a própria fase de elaboração dos contratos. Por isso que, sob pena da frustração de seu papel regulador, incumbe ao Estado, modo célere e expedito, solver as controvérsias que, naturalmente, sobrevêm.

Caber-lhe-á, à luz de procedimentos legais, ágeis e transparentes, decidir os litígios que possam embaraçar a prestação do *serviço adequado*, o qual lhe cumpre assegurar (art. 29, VII da Lei n° e art. 2° da Lei n° 9.472/97).

Sem perder a eqüidistância em relação aos direitos que lhe cabe resguardar, compete às agências trabalhar "na solução dos litígios para que as partes envolvidas encontrem uma decisão jurídico-administrativa motivada e justificada nos princípios e nas regras de direito, passíveis de reavaliação pelo Poder Judiciário".[154]

Na medida em que, com freqüência, não haja uma só solução "justa", não raro exigindo composição de interesses contrapostos, convirá que a decisão seja, em princípio, aceita pelas partes, "o que será facilitado quando a autoridade reguladora, com o passar do tempo adquirir a maturidade e experiência necessárias para cumprir a sua missão".[155]

---

[152] ARAGÃO, Alexandre Santos de. *Agências Reguladoras e a Evolução do Direito Administrativo Econômico*, p. 319.

[153] MENEZELLO, Maria D'Assunção Costa. *Agências Reguladoras*. São Paulo: Atlas, 2002, p. 170.

[154] Idem, p. 165.

[155] ORTIZ, Gaspar Ariño. Princípios de Derecho Público Económico. Granada: Comares e Fundación de Estudios de Regulación, 1999, p. 598/9 *apud* ARAGÃO, Alexandre Santos de. Op. cit., p. 113.

Nesse passo, assoma a importância de se solucionar controvérsias, prescindindo-se a participação do Poder Judiciário e se ensejando a utilização de meios alternativos, "com maior rapidez, economia e confidencialidade da que se obteria recorrendo à justiça estatal".[156]

Conviria, então, observar a similitude entre a *mediação* e a *arbitragem*, institutos destinados à solução de conflitos entre particulares, mediante a atuação de um terceiro, particular, contratado por ambos.

É indiscutível a diferença essencial entre ambos. Enquanto, na arbitragem, as partes se colocam em posições antagônicas, na mediação, situam-se em posição de colaboração. Na mediação, "a decisão advém do poder que é conferido às partes para decidir e não acatar decisões". A função do mediador "limita-se a uma manifestação sem qualquer poder de decisão. Acontece o oposto na arbitragem",[157] que corresponde a um "modo de pacificação social", onde "não há um perdedor e um vencedor".[158]

Por natureza, pois, a mediação não decorre de imposição de decisão administrativa, senão que se constitui em produto de consentimento e discussão entre as partes. A unilateralidade cede passo ao consenso.

Não por acaso, a mediação teve origem nos Estados Unidos, na década de 1970, onde foi incorporada ao sistema legal. Entre os vários modelos praticados, predomina o de Harvard, justamente onde surgiu o instituto. Por esse modelo, inicialmente, cada mediado expressará suas razões, na presença do mediador (o *facilitador da comunicação*), que os ouvirá com atenção. A seguir, o mediador resumirá as exposições, delimitando os lindes do litígio e apresentando os pontos de convergência. A essa altura, enseja-se às partes a dissecação do conflito, sob a condução do mediador, que as induzirá ao acordo. Por último, procede-se à redação do acordo, em linguagem simples, direta e objetiva, a ser firmada, conforme a legislação brasileira, por duas testemunhas.[159]

---

[156] PUCCI, Adriana Noemi. Medios Alternativos de Solución de Disputas *apud* BASSO, Maristela (Org.) *In: Mercosul: Seus Efeitos Jurídicos, Econômicos e políticos nos estados-membros.* 2. ed. Porto Alegre: Livraria do Advogado, 1997, p. 318/339.
[157] TAVARES, Fernando Horta. *Mediação e Conciliação.* Belo Horizonte: Mandamentos, 2002, p. 49.
[158] CAETANO, Luiz Antunes. *Arbitragem e Mediação.* São Paulo: Atlas, 2002, p. 97.
[159] Idem, p. 110/112.

No direito alienígena, tem-se notícias da aplicação da mediação na Alemanha, na França, na Inglaterra, na Espanha, na Austrália e na Argentina, com vistas à solução de litígios no campo das relações laborais. Especificamente na Argentina, o instituto tornou-se obrigatório no âmbito civil, implicando alterações no Código de Processo Civil e no Código Comercial.[160] Enquanto isso, no Brasil, a mediação não encontra previsão no ordenamento jurídico.

De rigor, a mediação caracteriza-se como forma alternativa de solução de conflitos, que não deve ser tratada de forma empírica, senão que se deve proceder de acordo com princípios e critérios próprios, adequados ao setor regulado.

Dessarte, mercê da importância de sua atuação para o êxito na tarefa reconciliatória dos interesses contrapostos, sem abandonar sua neutralidade, convirá que cada agência providencie "a criação de um cadastro de mediadores de notória especialização técnica, sem vínculos funcionais com a agência, sendo eles obrigatoriamente *experts* nos assuntos regulados para atuarem, após escolha livre das partes", os quais atuarão como auxiliares da entidade.[161]

No caso da AGERGS, a Lei Estadual nº 10.931/97 estabelece a competência de "moderar, dirimir ou arbitrar conflitos de interesse, no limite das atribuições previstas nesta lei, relativos aos serviços sob sua regulação" (art. 4º, IX).

Oportunamente, a AGERGS editou Regulamento para Procedimento de Mediação de Conflitos, aprovado pela Resolução nº 123 do Conselho Superior. Em síntese, assegura legitimidade aos usuários, ao poder concedente e aos delegatários para o pedido de instauração do procedimento, competindo a deliberação sobre sua admissibilidade ao próprio Conselho Superior, que, de seu turno, poderá promover sua abertura, de ofício (arts. 2º a 4º). As partes serão ouvidas pelo Conselho Superior, ao efeito de se delimitar as questões objeto da mediação a ser desenvolvida (art. 6º). A seguir, o colegiado remeterá às áreas técnicas da Agência "o estudo de propostas com vistas às possíveis soluções para a controvérsia", facultando-se às partes a eventual requisição de documentos e esclarecimentos, bem assim a juntada de novos elementos (art. 7º). Seguem-se "reuniões conjuntas com as partes",

---

[160] TAVARES, Fernando Horta. *Mediação e Conciliação*, p. 87/90.
[161] MENEZELLO, Maria D'Assunção Costa. *Agências Reguladoras*, p. 175.

promovidas pelo Conselho Superior, quando os pontos objeto de acordo serão consubstanciados em Termo de Acordo (art. 9º). O procedimento será encerrado com ou sem acordo (art. 10).

Na prática, constam exemplos ilustrativos da atividade mediadora da agência estadual. Assim, em um caso, ocorreu divergência entre a concessionária AES-Sul – Distribuidora Gaúcha de Energia e a Cooperativa de Eletrificação Centro Jacuí Ltda. – CELETRO, onde se fazia necessário definir a área de atuação da primeira. Realizaram-se reuniões de mediação com representantes das partes, culminando com a celebração de um Termo de Acordo, firmado em 13/12/00 (Proc. nº 000662/00-8).[162]

Em nosso direito, concebe-se que a solução amigável das controvérsias também poderá se realizar por meio da *arbitragem* ou *juízo arbitral*, instituto originário no direito romano.

O instituto não deve ser confundido com a mediação. Nesta, o terceiro busca conciliar as partes, indicando alternativas que, necessariamente, não serão alcançadas, inviabilizando o consenso. Na arbitragem, porém, superada a fase de mediação, sem sucesso, o árbitro emitirá decisão, dotada de caráter impositivo, que a lei determina *sentença*.

Em ambos os casos, porém, prevalece a *consensualidade*, que, na arbitragem, expressa-se "pela cláusula compromissória, ou em compromisso arbitral e, na mediação, pela solicitação expressa de submissão ao procedimento".[163]

Ao contrário da mediação, cujo procedimento não possuí previsão legal, quanto ao juízo arbitral, vige a Lei nº 9.307/96.

O citado diploma estabelece, modo expresso, que a sentença não se sujeita a recurso ou homologação pelo Poder Judiciário (art. 18), quando muito se assegurando tal revisão, em eventual pleito de nulidade (art. 33). Quanto aos efeitos da decisão, serão idênticos aos de uma sentença judicial, garantindo-se sua execução, se condenatória (art. 31).

Não há como se recusar o significativo proveito do instituto da arbitragem, que, sem embargo de remotos precedentes em nossa legis-

---

[162] CALOVI, Stelamaris. Mediação e Arbitragem na Atividade Regulatória. *In:* Marco Regulatório – A *Revista das AGERGS*, n. 4. Porto Alegre: AGERGS, 2001, p. 114.
[163] CAETANO, Luiz Antunes. *Arbitragem e Mediação*, p. 102.

lação, ganhou alento com a edição da Lei n° 9.307/96. Sem dúvida, o prestígio do instituto guarda direta relação com a notória insuficiência do Poder Judiciário em solver os litígios em tempo hábil, mormente no que tange às relações internacionais, onde crescem as dificuldades de se superar as fronteiras físicas, idiomáticas, culturais, políticas e jurídicas. Nesse âmbito, o anseio por decisões céleres, de acordo com as necessidades da comunidade granjeou ao juízo arbitral a natureza de coadjuvante seguro no ofício da administração da justiça. Incrementou-se, nas águas da tendência mundial, a participação social nos misteres da distribuição da justiça, ademais se acrescentando a própria qualificação técnica dos julgadores, escolhidos consensualmente pelas partes, mercê de formação técnica especializada, apropriada à solução dos litígios complexos postos em discussão.

No ordenamento pátrio, porém, tem-se indiscutível que o instituto foi entronizado para solver controvérsias típicas da esfera privada, haja vista os termos contundentes do art. 1° da Lei n° 9.307/96: "As pessoas capazes de contratar poderão valer-se da arbitragem para dirimir litígios relativos a direitos patrimoniais disponíveis".

Por certo, as vantagens da inovação seduzem e não faltam os que pretendem estender sua aplicação às entidades de direito público.

A propósito, Selma Maria Ferreira Lemes se reporta ao art. 23, XV da Lei n° 8.987/95, que dispõe serem cláusulas essenciais do contrato de concessão as referentes ao foro e ao modo de solução de divergências. Ao seu sentir, entre essas, incluir-se-ia o juízo arbitral como instrumento cabível.[164]

Com a devida vênia, não se comunga de tal entendimento, bastando considerar que a Lei n° 9.307/96 foi posterior à Lei das Concessões, de sorte que sua restrição deve prevalecer.

Tampouco prospera a tese, à vista do disposto no art. 93, XV da Lei n° 9.472/97 de redação assemelhada ao art. 23, XV da Lei n° 8.987/95, eis que, ante a limitação da Lei de Arbitragem, deveria aludir, expressamente, ao cabimento do instituto como meio de solução dos litígios, sendo certo que não foi expresso a respeito. Vale dizer que o instituto somente seria viável ante explícito permissivo, tal como

---

[164] *Anais do Seminário Jurídico sobre Concessões de Serviços Públicos* (8 e 9/6/2001), promovido pela Escola Nacional da Magistratura e Academia Internacional de Direito e Economia, p. 80.

se procedeu na Lei nº 10.233, de 5/6/01, cujo art. 35, XVI estabelece que, nos contratos de concessão de transporte aquaviário, haverá cláusula dispondo sobre as controvérsias relacionadas com o contrato e sua execução, então sim, referindo a conciliação e a arbitragem. Ou, como constou na Lei nº 9.478/97, respeitante à Agência Nacional de Petróleo – ANP, que prevê o instituto, expressamente, com vistas à pacificação de controvérsias nos contratos de concessão dos direitos exploratórios de petróleo ou de gás natural (arts. 20, 27, parágrafo único e 43, X). Ou, ainda, como previsto na Lei Estadual nº 10.931/97, que, modo expresso, contemplou a arbitragem como instrumento de solução de litígios pela AGERGS (art. 4º, IX).

Ainda antes da edição da Lei nº 9.307/96, revendo entendimento anerior, o Tribunal de Contas da União, passou a admitir a arbitragem. Ressalvou seu cabimento, porém, "desde que as cláusulas que sejam julgadas pelos árbitros *não ofendam estritamente o princípio da legalidade e o da indisponibilidade do interesse público* (grifei)" (TC 006.098/93-2, Plenário, Rel. Min. Paulo Affonso Martins de Oliveira, Decisão 188/95, Ata 18/95, DOU de 22.5.1995, p. 7277).[165]

Sem embargo das excelências do instituto, no próprio direito comparado, sua utilização no âmbito do direito público tem encontrado reservas. Na legislação portuguesa, a Lei nº 31/86 dispõe que "o Estado e outras pessoas coletivas de direito público podem celebrar convenção de arbitragem, se para tanto forem autorizadas por lei especial ou se elas tiverem por objecto litígios respeitantes a relações de direito privado" (art. 1º, nº 4). No ordenamento francês, é notável (e significativa!) a divergência de posições: enquanto os tribunais judiciais aceitam o instituto no plano internacional nas relações que envolvem Estados ou empresas públicas, os tribunais administrativos se mostram reticentes em admiti-lo. Já na Espanha, observa-se posição diversa. Assim, baseada na Lei de Arbitragem nº 36/86, que não distinguiu entre pessoa jurídica de direito público e privado, a doutrina vem admitindo a aplicação do instituto pelo Estado ou empresas públicas.[166]

---

[165] GROTTI, Dinorá Adelaide Musetti. *O Serviço Público e a Constituição Brasileira de 1988.* São Paulo: Malheiros, 2003, p. 365.
[166] LEMES, Selma Maria Ferreira. *Anais do Seminário Jurídico sobre Concessões de Serviços Públicos* (8 e 9/6/2001), promovido pela Escola Nacional da Magistratura e Academia Internacional de Direito e Economia, p. 84/88.

Por isso, em face do art. 1º da Lei nº 9.307/96, somente se vislumbra possível a adoção da arbitragem, no direito público brasileiro, diante de expressa autorização legal.[167]

Em caráter pioneiro, coube à recente Lei nº 11.079, de 30/12/04 (Lei da Parceria Público-Privada), ensejar seu ingresso nos domínios do direito público pátrio. Dessarte, estabeleceu a possibilidade de o edital licitatório prever "o emprego dos mecanismos de resolução de disputas, inclusive a arbitragem, (...) para dirimir conflitos decorrentes ou relacionados ao contrato" (art. 11, III).

---

[167] ARAGÃO, Alexandre Santos de. Op. cit., p. 319 e GROTTI, Dinorá Adelaide Musetti. *O Serviço Público e a Constituição Brasileira de 1988*. São Paulo: Malheiros, 2003, p. 366.

Parte III
A LEGITIMIDADE DEMOCRÁTICA DAS AGÊNCIAS

1. Introdução

Inicialmente, cabe reconhecer que o advento das agências reguladoras "parece responder a um novo sentimento que percorre as sociedades ocidentais: a desconfiança acerca do funcionamento do sistema democrático e dos Governos".[168]

Com efeito, crise que aflige o próprio sistema representativo, mormente na realidade brasileira, onde sua imperfeição coincide com as mazelas dos próprios partidos políticos, que "têm respondido ineficazmente às crescentes demandas sociais provenientes das múltiplas identidades individuais e coletivas".[169] E que, no entender de Antonio Carlos Wolkmer, implica caracterizar o sistema representativo como "anêmico, inócuo, um faz-de-conta, distanciado dos representados e das bases sociais".[170]

Por certo, a Administração Pública não ostenta a condição de representante do povo e de sua vontade. Entretanto, já que se submete ao controle e à direção do Governo, tendo em vista a legitimidade democrática que a este é inerente, resulta irrecusável que, ao menos indiretamente, a Administração Pública também possuirá legitimidade.[171]

Ainda assim, pululam as críticas ao sistema democrático, desembocando em reparos a sua incapacidade, por exemplo, no tocante à adoção de medidas econômicas necessárias, embora impopulares, ou

---

[168] DAROCA, Eva Desdentado. *La Crisis de Identidad del Derecho Administrativo*: Privatización, Huida de la Regulación Pública y Administraciones Independientes, p. 137.
[169] WOLKMER, Antonio Carlos. Crise de Representação e Cidadania Participativa na Constituição Brasileira de 1988. *In:* SARLET, Ingo Wolfgang (Org.). *O Direito Público em Tempos de Crise*. Porto Alegre: Livraria do Advogado, 1999, p. 41.
[170] Idem ibidem.
[171] Idem ibidem.

por sua incidência sobre as expectativas de provisões da sociedade ou de determinados grupos de interesse.[172]

Nesse contexto, as agências reguladoras se caracterizam como "mecanismos de correção das supostas deficiências da democracia", constituindo-se, para alguns, em efetivos "contrapoderes".[173]

Sem embargo, não faltam graves questionamentos, mormente em face do caráter tecnocrático de sua atuação, eis que a tomada de decisões se procede por elites especializadas, à margem do povo.[174]

Acresce a objeção – relevante, aliás – de que tais instituições andariam em rota de colisão com o art. 1º, parágrafo único da CF, segundo o qual todo o poder é de titularidade do povo. Dessarte, uma vez compostas sem intervenção popular, careceriam de legitimidade.

Tal entendimento, porém, não prospera.

Sobre o tema, cabe invocar Marçal Justen Filho, que obtempera com a investidura dos membros do Poder Judiciário, os quais, embora não eleitos, "exercitam atribuições referíveis à soberania popular".[175]

Nem seria ocioso relembrar que o processo de escolha dos dirigentes das agências reguladoras (art. 52, III, *f* da CF) é similar ao de Magistrados, inclusive do Supremo Tribunal Federal (art. 52, III, "a" da CF).

Assim assegurada a adequação das agências reguladoras com o regime democrático, não há como se lhes recusar "uma relativa independência em relação ao Governo", já preconizada por Bresser Pereira, um dos mentores da Reforma Administrativa.[176]

2. Os interesses tutelados

A introdução das agências reguladoras corresponde a um novo estágio na prestação dos serviços públicos. Com efeito, seu surgimento

---

[172] DAROCA, Eva Desdentado. *La Crisis de Identidad del Derecho Administrativo*: Privatización, Huida de la Regulación Pública y Administraciones Independientes, p. 137/138.
[173] Idem, p. 139.
[174] Idem, p. 140.
[175] JUSTEN FILHO, Marçal. *O Direito das Agências Reguladoras Independentes*, p. 354.
[176] BRESSER PEREIRA, Luiz Carlos. *Reforma do Estado para a Cidadania* – A Reforma Gerencial Brasileira na Perspectiva Internacional. 1. ed. (2ª. reimpressão). Brasília: ENAP, 2002, p. 226.

coincide com o tempo em que o Estado deixa de ser o *prestador*, sem, no entanto, assumir postura indiferente em relação aos serviços públicos.

Vital Moreira observa que, nesse passo, remanescem ao Estado três funções essenciais, que, assim, simultaneamente, seria:

> a) O *legislador* que determina os sectores sujeitos a obrigações de serviço público e que define estas (...); b) O *regulador* e que fiscaliza o cumprimento das obrigações de serviços públicos por parte das empresas a elas sujeitas e pune as respectivas infracções; c) Eventualmente, o *financiador das obrigações de serviço público*, seja por via de subsídios directos às empresas,[177] seja por via de financiamento directo dos consumidores (vouchers), seja por via de pagamento de "tarifas virtuais".[178]

Em se tratando de serviço público, assim definido pelo legislador, cuja prestação fique a cargo de delegatário, resulta relação trilateral, envolvendo: "i) o produtor da utilidade pública; ii) o seu consumidor; e iii) o Poder Público (que será titular último ou da rede necessária a essa produção ou do monopólio de sua exploração)".[179]

Daí resultam três distintos feixes de interesses, que haverão de ser ponderados pelas agências reguladoras, sendo certo que carecerão de legitimidade democrática, caso recusem canais de representação a qualquer um.[180]

A partir da própria legislação vigente, Aragão aponta a heterogeneidade dos interesses em jogo, como

> a universalização dos serviços sob sua regulação, a proteção dos consumidores, o desenvolvimento tecnológico nacional, a atração de investidores estrangeiros, a ampliação da concorrência, a garantia do equilíbrio econômico-financeiro (em se tratando de agência reguladora de serviço público), etc.[181]

---

[177] No caso brasileiro, o BNDES teve papel destacado no processo de desestatização. Na área das privatizações de energia elétrica, concedeu empréstimo, por exemplo, à norte-americana AES, com vistas à aquisição da ELETROPAULO. Por uma série de fatores, a tomadora tornou-se inadimplente, noticiando-se débito de US$ 1,2 bilhão. A situação gerou a insólita situação de que o banco, empresa pública federal, demonstrou-se frustrado com reajuste tarifário de 10,95%, em julho de 2003, porquanto tinha a expectativa de índice superior, de modo a receber seus créditos com maior brevidade (Folha de São Paulo, 5/7/2003). Evidentemente, trata-se de efeito perverso do financiamento estatal, cuja análise ora se dispensa, por refugir ao tema, embora sirva para suscitar reflexão.

[178] O Problema Constitucional dos Serviços Públicos. In: *Revista de Direito Público da Economia* – RDPE, p. 244.

[179] MARQUES NETO, Floriano Azevedo. A Nova Regulação Estatal e as Agências Independentes. In: *Direito Administrativo Econômico*, p. 85.

[180] MENDES, Conrado Hübner, Reforma do Estado e Agências Reguladoras: Estabelecendo os Parâmetros de Discussão. In: *Direito Administrativo Econômico*, p. 131.

[181] ARAGÃO, Alexandre Santos de. *Agências Reguladoras e a Evolução do Direito Administrativo Econômico*, p. 291.

Em decorrência, sob pena de malogro do próprio modelo, impõe-se que as agências reguladoras atuem de modo eqüidistante em relação aos blocos de interesses, os quais, por natureza, "não são combináveis, nem muito menos coincidentes".[182]

Por isso que caberá atenção especial na seleção de seus quadros diretivos, de modo que não guardem vinculação direta, nem mediata com os delegatários, nem se identifiquem com o Poder Público, tampouco tendam a satisfazer o incondicional interesse do consumidor.

2.1. A Proteção em relação ao Poder Público

Antes de tudo, as agências reguladoras devem se desenvolver com autonomia em face do Poder Público, de modo a se livrarem às nefastas ingerências políticas, que lhes afetarão a imprescindível imparcialidade.

As agências se constituem em instrumentos de políticas públicas, que não deverão ser manejados por governantes com vistas a objetivos eleitoreiros e populistas.

Dessarte, não se coaduna com a postura ideal de uma agência a inércia em face do poder concedente, que, em manobra demagógica e sem arrimo contratual, por exemplo, tente reduzir tarifas exigidas por concessionário.

Exemplo construtivo foi dado pela AGERGS, que se posicionou contrária à tentativa do então Governador do Estado do Rio Grande do Sul, Olívio Dutra, o qual, logo no início de seu mandato tentou, unilateralmente e sem sucesso, reduzir os pedágios cobrados em rodovias gaúchas, em franco descompasso com os contratos de concessão vigentes. Na ocasião, o Tribunal de Justiça do Estado reconheceu a ilegalidade da iniciativa governamental, decidindo em favor da competência da agência reguladora, em tal situação.[183]

---

[182] MARQUES NETO, Floriano Azevedo. A Nova Regulação Estatal e as Agências Independentes. In: Direito Administrativo Econômico, p. 85.

[183] MANDADO DE SEGURANÇA. Subsiste a liminar concedida, por ofensa ao princípio do devido processo legal e do contraditório, inculpidos nos incisos LIV e LV, do art. 5°, da Constituição Federal. Exorbitância da competência da Contadoria e Auditoria-Geral do Estado – CAGE, por violação da Lei 10.931/97 que atribui a Agência Estadual dos Serviços Públicos Delegados – AGERGS, poderes para fixar, reajustar, revisar, homologar ou encaminhar ao ente delegante tarifas, seus valores e estruturas (art. 4°, inciso V). De parte do Executivo simplesmente houve o desconhecimento da existência da Agência reguladora e sua competência. Alteração unilateral de tarifa sem a diminuição dos encargos. A licitação não se deu pela oferta de menor

Bem de ver que as cláusulas dos contratos administrativos ostentam natural presunção de legitimidade, sendo que, no caso das cláusulas econômicas, incide a sua imutabilidade unilateral. Como é cediço, "a modificação unilateral nunca pode consistir numa redução das vantagens financeiras concedidas ao contraente".[184] Vale dizer que, quanto a elas, descabe se cogitar da supremacia do Poder Público, incumbindo às agências reguladoras velar pela manutenção do equilíbrio econômico-financeiro.

Por certo, a questão prescinde de relevo, no tangente à ANEEL e à ANATEL, porquanto incumbe às próprias a celebração e gestão dos respectivos contratos de delegação (art. 3º, IV da Lei nº 9.427/96 e art. 19, VI da Lei nº 9.472/97).

Na hipótese da AGERGS, porém, a Lei Estadual nº 10.931, de 9/1/97, que a criou, estabeleceu, entre seus objetivos, "zelar pelo equilíbrio econômico-financeiro dos serviços públicos delegados" (art. 2º, III).

Nem poderia ser diferente, até porque tal implica, sobretudo, apreço ao princípio da segurança jurídica, inerente ao próprio Estado de Direito.

2.2. A proteção em relação aos concessionários

À evidência, não se haverá de sustentar que a atividade regulatória deva ser exercida em desfavor do regulado.

É induvidoso, porém, que caberá às agências se precaverem contra o *risco de captura* pelo poder econômico. Aliás, Vital Moreira adverte que a autonomia em face dos interesses regulados é ainda mais importante do que aquela em relação ao Governo.[185]

Entre os mecanismos aptos à redução dos riscos da captura regulatória, o emérito autor lusitano enumera, em especial: (a) a seleção dos reguladores; (b) disciplina de inelegibilidades, incompatibilidades

---

tarifa, mas sim pela oferta de maior trecho de estrada sob conservação e manutenção, dentro dos limites da tarifa fixada e oferecida na licitação pelo Executivo. Segurança concedida. (MS nº 599.463.957, Tribunal Pleno, Rel. Des. Antonio Carlos Stangler Pereira, julg. em 25/10/99).

[184] RIVERO, Jean. *Direito Administrativo*. Trad. por Doutor Rogério Ehrardt Soares. Coimbra: Almedina, 1981, p. 146.

[185] Por Uma Regulação ao Serviço da Economia de Mercado e do Interesse Público: a "Declaração de Condeixa". *In: Revista de Direito Público da Economia*. Belo Horizonte: Forum, 2003, v. 1, p. 253.

e impedimentos; (c) garantias de transparência e participação procedimental pública, e (d) participação dos utentes/consumidores.[186]

Merece especial realce o instituto da *quarentena*, que, nos moldes legais previstos, veda ao ex-dirigente de agência reguladora o exercício de atividades ou de prestação de qualquer serviço no setor regulado, "por um período de quatro meses, contados da exoneração ou do término do seu mandato" (art. 8°, *caput* da Lei n° 9.986/00).

O fundamento da proibição é notório, haja vista que a passagem imediata do ex-dirigente para os quadros de empresa regulada põe em risco a própria autonomia da agência. Com efeito, o trânsito imediato pode significar a indesejável transferência de cabedal de informações da agência, caracterizando visível promiscuidade de interesses, incompatível com a isenção inerente ao instituto regulatório.

2.3. A proteção ao usuário: o acesso ao serviço e à livre concorrência

A complexidade da atividade regulatória somente se aperfeiçoará com a atenção aos consumidores, máxime se considerada sua natural vulnerabilidade (art. 4°, I da Lei n° 8.078/90).

Além da autonomia que devem manter, no tocante ao Governo e às prestadoras, é imperioso que as agências reguladoras assegurem "ao consumidor o direito de manifestar-se politicamente, a igualdade de direitos, os direitos políticos, os direitos de participação, o direito de vocalização, o direito à informação constante sobre a gestão destas agências de regulação".[187]

Conquanto não se constitua no único, por certo, a proteção dos consumidores desponta como um dos mais relevantes interesses primários a ser tutelado pelas agências reguladoras, mormente por força de expressas normas legais (arts. 6° e 29, VII, X e XII da Lei n° 8.987/95; art. 5° da Lei n° 9.472/97: arts. 1°, III e 8°, I da Lei n° 9.478/97; art. 4°, XXXVI da Lei n° 9.961/00; art. 11, III da Lei n° 10.233/01, etc.).

Entre outras, avulta a questão crucial dos "excluídos", destacando-se o desafio na busca da *universalização* dos serviços públicos, a

---

[186] Por Uma Regulação ao Serviço da Economia de Mercado e do Interesse Público: a "Declaração de Condeixa". *In: Revista de Direito Público da Economia*, p. 253/254.

[187] MACEDO JUNIOR, Ronaldo Porto. A Proteção dos Usuários de Serviços Públicos – A Perspectiva do Direito do Consumidor. *In:* SUNDFELD, Carlos Ari (Coord). *Direito Administrativo Econômico.* São Paulo: Malheiros, 2000, p. 253.

ser alcançada mediante a fixação de metas de expansão às prestadoras.[188]

Por outro lado, inscreve-se no rol das relevantes competências das agências reguladoras a tutela da concorrência. Bem de ver que, outrora, a liberdade de competição era considerada em favor dos empresários, revertendo-se seus efeitos, apenas indiretamente, em benefício dos consumidores. Hoje em dia, porém, modificou-se o enfoque, entendendo-se que a proteção da concorrência se fundamenta no próprio direito do consumidor. Assim, Fábio Konder Comparato sustenta que a evolução da repressão à concorrência desleal e ao abuso do poder econômico se enquadra na definição de interesses do consumidor como princípio diretor máximo.[189]

A propósito, as agências reguladoras são expressamente vocacionadas à proteção e à ampliação da concorrência, como emerge do ordenamento (art. 29, XI da Lei nº 8.987/95; arts. 5º e 19, XIX da Lei nº 9.472/97, entre outros).

A partir da Lei nº 8.987/95, embora, em princípio, a outorga de delegação exclua o caráter de exclusividade, tal poderá ceder passo, "no caso de inviabilidade técnica ou econômica" (art. 16). Daí resulta que o prestador também poderá praticar atos previstos como violadores da ordem econômica, em especial, os da chamada Lei Antitruste (Lei nº 8.884/94), ensejando a ação de fiscalização e repressão da agência.

Bem de ver, nesse caso, que as agências reguladoras não absorveram as competências típicas do Conselho Administrativo de Defesa Econômica – CADE, que a possui, também nesses setores. Impende notar, contudo, que compete às agências o exercício de poder normativo na definição da estrutura do setor, sendo certo que, no tocante a ANATEL, reservou-se funções de maior realce.

Por expressa previsão, foram destinadas à ANATEL "as competências legais em matéria de controle, previsão e repressão das infrações da ordem econômica, ressalvadas as pertencentes ao Conselho Administrativo de Defesa Econômica-CADE" (art. 19, XIX da Lei nº 9.472/97).

---

[188] SUNDFELD, Carlos Ari. Introdução às Agências Reguladoras. *In: Direito Administrativo Econômico*, p. 34.
[189] COELHO, Fábio Ulhoa. *Direito Antitruste Brasileiro:* Comentários à Lei nº 8.884/94. São Paulo: Saraiva, 1995, p.4.

Significa que se permite a aplicação subsidiária da Lei de Defesa da Concorrência (Lei nº 8.884/94), implicando trazer ao setor a atuação do CADE, de sorte que as empresas de telecomunicações lhe devem submeter todos os atos que possam limitar ou prejudicar a livre concorrência ou que possam resultar na dominação de mercado (art. 54).[190]

Tal rendeu ensejo à Norma nº 7/99-ANATEL, anexa à Resolução nº 195, de 7/12/99. Em seu art. 3º, *caput*, assegura-se sua competência para o julgamento das condutas, atos ou contratos que impliquem descumprimento da lei, regulamento, contrato ou ato delegatório, descabendo revisão pelo CADE. Todavia, se eventual violação configure hipótese de infração à ordem econômica (arts. 20, 21 e 54 da Lei nº 8.884/94), então caberá a ANATEL remeter a espécie à apreciação do CADE (arts. 2º e 3º, § 1º). Competir-lhe-á, porém, instruir os respectivos processos (arts. 21 a 48), inclusive fiscalizando o cumprimento das decisões proferidas pelo CADE (art. 2º, XI).

3. Os riscos de captura

Diante dos interesses naturalmente divergentes que atinem com a regulação, ressai imprescindível ao seu êxito que as agências reguladoras se mantenham eqüidistantes em relação a eles.

Assim, caberá aos entes reguladores se livrarem dos chamados riscos de captura, sob pena de resultar comprometida a eficiência de suas atividades.

Conquanto haja autores que emprestem maior relevo aos prejuízos das influências exercidas pelo Poder Público, por certo, existem os que enfatizam preocupação com as pressões desenvolvidas pelo poder econômico, representadas pelos prestadores do serviço público.

À evidência, ambas são nocivas e indesejáveis.

Quanto à captura governamental, em face das ingerências políticas que o processo regulatório pode ensejar; no tocante à captura por concessionários, porque pode tender ao prejuízo da modicidade das

---

[190] LEHFELD, Lucas de Souza. ANATEL e as Novas Tendências na Regulamentação das Telecomunicações no Brasil. *In:* MORAES, de Alexandre (Org.). *Agências Reguladoras*. São Paulo: Atlas, 2002, p. 89.

tarifas, ao afrouxamento da fiscalização e à benevolência na aplicação das sanções.

Nem por isso, contudo, pode-se minimizar o risco de captura pelos próprios usuários, porquanto a superestimação de seus interesses "poderia trazer riscos na manutenção do equilíbrio econômico-financeiro do contrato de concessão".[191]

3.1. A captura pelo Poder Público

A captura pelo poder político pode conduzir ao indesejável "atrelamento da atividade regulatória aos interesses conjunturais do bloco do poder às vicissitudes eleitorais", de modo a induzir a "inviabilização da agência em função de um rápido processo de deslegitimação, primeiro perante os operadores e, a médio prazo, perante os próprios usuários".[192]

Convirá, em homenagem à independência das agências, que se rejeitem mecanismos de sujeição, como é o caso dos lamentáveis e impróprios contratos de gestão. No mesmo rumo, convirá que as agências se vinculem aos Parlamentos, e não ao Executivo, prestando contas a comissões especiais do Legislativo.[193]

Também se recomenda que seus órgãos diretivos sejam colegiados e que seus dirigentes tenham mandato certo, somente cabendo sua destituição em hipóteses restritas, previstas na lei, em conseqüência de desvios de conduta, sempre assegurados a ampla defesa e o contraditório. A propósito, salutar a prática da incoincidência de mandatos, de modo a reduzir a possibilidade de convergência com os propósitos do governante.

Ainda se afigura necessário garantir-se autonomia financeira às agências, de sorte que não dependam, exclusivamente, de recursos orçamentários, cabendo-lhes receita, por conta da cobrança de taxas de fiscalização, cujos níveis deverão ser fixados em lei, "para que a agência não fique sujeita à discrição política".[194]

---

[191] FIGUEIREDO, Pedro Henrique Poli de. A Regulação do Serviço Público Concedido, p. 60.
[192] MARQUES NETO, Floriano Azevedo. A Nova Regulação Estatal e as Agências Independentes. In: Direito Administrativo Econômico, p. 90.
[193] Idem, ibidem.
[194] FAGUNDES, Márcia Margarete. Teoria da Captura do Regulador de Serviços Públicos. In: VILLELA SOUTO, Marcos Juruena; MARSHALL, Carla C. (Coorden.). Direito Empresarial Público. Rio de Janeiro: Lumen Juris, 2002, p. 274.

Sem dúvida, porém, constitui fator de autonomia das agências reguladoras que seus dirigentes não guardem relações políticas com os membros dos Poderes. Dessarte, não se pode reconhecer como modelo ideal aquele aplicado às agências federais, cujos diretores são indicados e nomeados pelo Presidente da República. Ainda que se dependa de prévia aprovação do Senado Federal, por certo, a sistemática não assegura a representatividade ideal dos interesses em jogo na atividade regulatória. Assim ocorre na ANEEL (art. 5º da Lei nº 9.427/96), na ANATEL (art. 23 da Lei nº 9.472/97), na ANP (art. 11, § 2º da Lei nº 9.478/97) e nas demais agências federais.

Afortunadamente, o exemplo não foi seguido, no caso da AGERGS, congênere criada no Estado do Rio Grande do Sul, que assegurou ao Governador do Estado a "livre indicação" de 3 (três) membros do Conselho Superior ao qual compete a direção da entidade. Quanto aos demais assentos, é garantida a representação do quadro funcional da própria autarquia (um membro), mediante indicação do próprio Governador, a partir de lista tríplice elaborada em eleição secreta procedida entre os servidores efetivos da agência; 2 (dois) membros asseguram a representação dos consumidores, e 1 (um) membro concretiza a representação dos concessionários, permissionários e autorizatários de serviços públicos no Estado (art. 6º, *caput* da Lei nº 10.931/97).

Observe-se que, logo em seguida, a Comissão dos Serviços Públicos de São Paulo – CSPE perfilharia idêntica orientação. Assim, embora reserve ao Governador do Estado a livre nomeação do Comissário-Geral, que presidirá o Conselho Deliberativo, e de outros três membros, a lei paulista estabeleceu que os demais nove assentos estão assegurados a representantes do PROCON, de consumidores, de trabalhadores do setor, das empresas prestadoras, da FIESP, da FCESP e dos servidores da Comissão (art. 7º, *caput* da Lei Complementar nº 833, de 17/10/97).

Em ambos os casos, ponderou-se, com sabedoria, a representação política e os interesses diretamente envolvidos na atividade regulatória, sem se descurar do viés técnico, que deve presidir as decisões na espécie.

Caberia lamentar que, em outros entes da Federação, tais precedentes não foram trilhados. Ao reverso, as agências criadas ultimamente têm seguido a orientação federal, que, embora comprometa o Poder Legislativo no processo de investidura e desinvestidura dos dirigentes, por certo, não constitui o regime ideal, com vistas à democratização no processo das tomadas de decisões.

3.2. A captura pelos agentes regulados

De par com a independência em relação ao Governo, as autoridades reguladoras devem ser sempre independentes em relação aos interesses regulados.

Aliás, ao sentir dos cientistas sociais norte-americanos, o risco de captura assoma inevitável ao longo do relacionamento entre a agência e o setor regulado.

Maria Paula Dallari Bucci reporta-se a tais ensinamentos, identificando fases distintas na ação regulatória. No início, a agência responde à demanda que levou à sua criação, atuando com êxito e, não raro, desagradando os agentes regulados. Mais adiante, principia a ocorrer o fenômeno da "porta giratória" (o *revolving door*), quando sucede a troca de pessoal entre a agência e o setor regulado. Por fim, sobrevém a captura, fase decadente da agência, que resulta dominada pelas prestadoras, as quais, inclusive, passa a proteger, em detrimento do público.[195]

Conforme Justen Filho, é o tempo em que "a própria *memória* da atuação regulativa transfere-se da agência para os setores regulados", resultando em que as agências passam a depender "diretamente dos controlados",[196] caracterizando relação viciada, de notória inconveniência aos seus fins.

A problemática afligiu o sistema norte-americano, mas não deve ser admitida como conseqüência insuperável, relevando, por isso, diagnosticar suas causas, de modo a superá-la, sob pena de comprometimento do modelo regulatório.

A respeito, Floriano Azevedo Marques Neto destaca o *risco da concussão*, qual seja o problema da corrupção, passível de neutralização, mediante o recrutamento de homens probos, sob fiscalização e controle da sociedade.[197] É natural que os administradores das agências

---
[195] BUCCI, Maria Paula Dallari. *Direito Administrativo e Políticas Públicas*. Rio de Janeiro: Saraiva, 2002, p. 72.
[196] JUSTEN FILHO, Marçal. *O Direito das Agências Reguladoras Independentes*, p. 370.
[197] MARQUES NETO, Floriano Azevedo. A Nova Regulação Estatal e as Agências Independentes. In: *Direito Administrativo Econômico*, p. 89.

reguladoras sejam oriundos da iniciativa privada, particularmente, dos quadros das próprias concessionárias, em cuja atuação terão carreado a experiência e habilitação necessárias. É indiscutível, porém, que tal origem expõe a risco a isenção de sua atuação, quer em face dos relacionamentos anteriores, quer porque, provavelmente, ao final do mandato, serão atraídos de volta às empresas de origem, ora dotados dos conhecimentos colhidos na administração da agência. Justo por isso, mister que se atenue o previsível efeito, adotando-se restrições, como é o caso da *quarentena*, que inibe o retorno direto – ao menos, ostensivo! – do ex-dirigente da agência para o setor regulado.

Em boa hora, pois, proibiu-se ao ex-dirigente de agência reguladora que, no quadrimestre consecutivo à exoneração ou final de mandato, preste atividades ou serviços no setor regulado (art. 8º, *caput* da Lei nº 9.986/00).

Aliás, o pré-citado autor aduz a captura por *contaminação de interesses*, consistente na

> assunção pelo órgão regulador dos valores e interesses do regulado, como se fossem os interesses gerais da coletividade, e pela aceitação dos problemas destes atores como problemas incontornáveis e empecedores da implementação dos objetivos eleitos para o setor.[198]

Tal inconveniente se poderia evitar por meio de ampla publicidade da atividade regulatória, propiciando o envolvimento crescente da sociedade. Aliás, ao ver de Vital Moreira, o "melhor antídoto contra a captura regulatória é a transparência de procedimentos, a participação de todos os interessados no processo regulatório (a começar pelas opções reguladoras adoptadas), e a fundamentação das decisões".[199]

Por último, Marques Neto acrescenta a *insuficiência de meios*, haja vista o poderio econômico dos regulados, que repercute, mormente, nos recursos humanos disponíveis pelas agências, colocando em xeque o próprio exercício da autoridade. À evidência, a dificuldade deverá ser superada com a dotação dos recursos necessários à autonomia de gestão das agências reguladoras.[200] A propósito, consoante já se salientou, a autonomia financeira viabiliza a autonomia das agências, inclusive, em face do próprio Poder Público.

---

[198] MARQUES NETO, Floriano Azevedo. A Nova Regulação Estatal e as Agências Independentes. *In: Direito Administrativo Econômico*, p. 89.

[199] MOREIRA, Vital. Os Serviços Públicos Tradicionais sob o Impacto da União Européia. *In Revista de Direito Público da Economia*, p. 254.

[200] MARQUES NETO, Floriano Azevedo. Op. cit., p. 89/90.

4. A constitucionalização e a democratização da administração pública

Indiscutivelmente, o século XX se caracterizou pelo formidável incremento do constitucionalismo. Em primeiro momento, a tônica do processo de constitucionalização se situou no reconhecimento de direitos e liberdades, cumprindo assinalar, a propósito, o papel relevante desempenhado pelos Estados Unidos da América e pela França, que alçaram a nível constitucional, respectivamente, a Declaração de Direitos do Povo da Virgínia (1776) e a Declaração de Direitos da Revolução Francesa (1789). Era o tempo dos chamados *direitos fundamentais da primeira dimensão*.

Já no correr do século XX, porém, sobreviria significativa evolução. Com efeito, mercê das pressões sociais, o Estado passou a ser requisitado a proporcionar aos cidadãos "o direito de participar do bem-estar social", outorgando-lhes prestações sociais estatais, como assistência social, saúde, educação e trabalho, direitos que assim resultaram cristalizados nas Constituições do segundo pós-guerra. Corria, então, a era dos *direitos da segunda dimensão.*[201] Mais do que corresponder apenas a direitos de cunho positivo, tais compreendiam as denominadas "liberdades sociais", resultando "que os direitos da segunda dimensão podem ser considerados uma densificação do princípio da justiça social".[202]

É certo, porém, que, já na metade final do século XX, embora timidamente, as Constituições passaram a versar outra gama de direitos, de natureza transindividual, de titularidade coletiva, prevalecendo a tutela do direito ao meio ambiente, à preservação de valores culturais e à própria qualidade de vida. Vivia-se, a essa altura, a época dos *direitos de terceira dimensão.*

Ao longo de tal evolução, os textos constitucionais foram adquirindo maior amplitude, tornando-se o direito constitucional capaz de condicionar todos os ramos do direito.[203]

No âmbito do direito privado, tal foi percebido por Gustavo Tepedino, que aí vislumbra inevitável conseqüência: o Código Civil perdeu

---

[201] SARLET, Ingo. *A Eficácia dos Direitos Fundamentais,* p. 49.
[202] Idem, p. 50.
[203] BAPTISTA, Patrícia. *Transformações do Direito Administrativo.* Rio de Janeiro – São Paulo: Renovar, 2003, p. 46.

"o seu papel de Constituição do direito privado".[204] Havia, porém, algo a ser comemorado. Nessa época, tinha-se a "era da descodificação", reconhecendo-se a incapacidade de o Código Civil "informar, com princípios estáveis, as regras contidas nos diversos estatutos".[205] Era a vez de a Constituição lhe assumir o papel, passando a constituir referência axiológica outrora reservada ao Código Civil. Fala-se, desde então, de "redesenhar o tecido do direito civil à luz da nova Constituição".[206]

Se assim ocorreu, na seara do direito privado, por certo, o fenômeno se registrou com maior intensidade no âmbito do direito administrativo, mormente em face de sua origem, vinculada ao direito constitucional.

Tal processo, em linhas gerais, acarretou a democratização do direito administrativo, vale dizer, ao efeito de submeter a administração pública "aos direitos fundamentais, nas garantias de maior participação dos administrados nas decisões da Administração e na redução crescente do âmbito de atuação discricionária do administrador".[207]

Para alguns, aliás, os limites entre as duas disciplinas são tênues, de tal sorte, que seus avanços e recuos, invariavelmente, acabam sendo assimilados uns pelos outros, "através da prática, da jurisprudência e da construção dogmática dos juristas".[208] A reciprocidade de influências é inarredável, pois, "conforme a Administração seja sábia ou ordenada ou não seja, ela assegurará ou arruinará a própria constituição".[209]

De conseguinte, acode inteira razão a Patrícia Baptista, quando observa que o direito administrativo, cujo desenvolvimento, até então, se fizera autônomo, "não saiu incólume desse contato com a Constituição", ensejando que se ampliasse "a zona de interseção entre a Constituição e a Administração Pública".[210]

Em face da significativa influência que exerceram na elaboração da Constituição brasileira de 1988, convém atentar às Constituições portuguesa de 1976 e espanhola de 1978.

---

[204] *Temas de Direito Civil.* Rio de Janeiro: Renovar, 1999, p. 7.
[205] NATALINO, Irti. *L'età della decodificazione.* 3. ed. Milano: Giuffrè, 1989, apud TEPEDINO, Gustavo. Op. cit., p. 12.
[206] NATALINO, Irti. *L'età della decodificazione,* p. 13.
[207] BAPTISTA, Patrícia. *Transformações do Direito Administrativo,* p. 56.
[208] MIRANDA, Jorge. A Administração Pública nas Constituições Portuguesas. *Revista de Direito Administrativo,* v. 183, 1991, p. 34.
[209] BIELSA, Rafael. *Derecho Administrativo.* 4. ed. Buenos Aires: El Ateneo, 1951, 3 t, p. 29.
[210] BAPTISTA, Patrícia. Op. cit., p. 56/57.

Com relação à Carta de Portugal, tem-se reconhecido os seus avanços, em cotejo com as próprias congêneres européias, tal a preocupação devotada à "democratização das práticas administrativas, sobretudo diante da necessidade de eliminação dos traços autoritários", que marcaram o país, ao tempo da interminável ditadura de Salazar. Veja-se que o Código de Procedimento Administrativo de Portugal assegura o princípio da participação, garantindo a particulares e associações representativas de seus interesses a participação na formação de decisões que lhes forem pertinentes (art. 8°), bem como a aproximação entre os serviços públicos e a população (art. 10).[211]

Oportuno o magistério de Canotilho, para quem "A garantia dos direitos fundamentais exige, para a sua realização, uma participação no procedimento", de modo a "se garantirem eficazmente posições jurídicas fundamentais". A essa altura, a dimensão participativa já não se limitaria à mera sede processual, senão que se espraiaria rumo aos procedimentos legislativos e administrativos, haja vista dispositivos expressos da própria Constituição da República Portuguesa (artigos 54°/5/d, 56°/2/c e 267°).[212]

De seu turno, ainda que mais sucinta, a Constituição da Espanha pautou por idêntica tendência, priorizando a institucionalização da Administração Pública.[213] Assim, entre seus princípios básicos, assenta a obrigação estatal de facilitar a participação dos cidadãos na vida política, econômica, cultural e social (art. 9°; 2, do Título Preliminar). Ademais, garante o direito dos cidadãos de participar dos assuntos públicos, diretamente ou por meio de representantes eleitos, inclusive na esfera administrativa (art. 23, I), remetendo à disciplina legal a audiência dos cidadãos no procedimento de elaboração de disposições administrativas que lhes afetem (art. 105). Cumpre destacar que o texto constitucional informou "a expressão do princípio geral de participação da Lei n° 30/92 (art. 3,5), que, ainda, dispôs o regime dos órgãos colegiados com a participação de organizações representativas de interesses sociais (art. 22,2)".[214]

---

[211] MARTINS JÚNIOR, Wallace Paiva. *Transparência Administrativa – Publicidade, motivação e participação popular.* São Paulo: Saraiva, 2004, p. 295.
[212] CANOTILHO, José Joaquim Gomes. *Direito Constitucional.* 6. ed. Coimbra: Almedina, 1993, p. 639.
[213] BAPTISTA, Patrícia. *Transformações do Direito Administrativo,* p. 67/69.
[214] MARTINS JÚNIOR, Wallace Paiva. Op. cit., p. 294/295.

No mesmo diapasão, a Lei Fundamental de Bonn, na qual, entre outros, foram instituídos os *direitos à participação na organização e procedimento*, no sentido de sua essencialidade à própria concretização dos direitos fundamentais. De plena pertinência, o comentário de Ingo Sarlet, a respeito:

> Como ponto de partida, vamos retomar a concepção que constata uma íntima ligação entre as noções de organização e procedimento e os direitos fundamentais, admitindo-se, neste contexto, uma influência recíproca entre as três categorias, no sentido de que, se os direitos fundamentais são, de certa forma, dependentes da organização e do procedimento, sobre estes também exercem uma influência que, dentre outros aspectos, se manifesta na medida em que os direitos fundamentais podem ser considerados como parâmetro para a formatação das estruturas organizatórias e dos procedimentos, servindo, para além disso, como diretrizes para a aplicação e interpretação das normas procedimentais.[215]

A propósito, a lição autorizada de Konrad Hesse dissipa qualquer dúvida:

> Para poder cumprir a sua função, direitos fundamentais requerem, em primeiro lugar, geralmente em proporção mais ou menos vasta, regulações de organização e procedimento, especialmente claro, por exemplo, na liberdade de associação (...) Além disso, mostram-se organização e procedimento como – possivelmente, até único – meio, os quais, antes que a idéia dos direitos de ter parte, possibilitam satisfazer as condições alteradas da liberdade humana no Estado moderno.[216]

De seu turno, o direito italiano também consagrou a participação (art. 3º da Constituição), concebendo-a como um *concetto-valvola* (conceito que atua como válvula reguladora do afluxo de correntes vitais no direito, compatibilizando o ordenamento ao processo evolutivo da vida política e social). O modelo visa ao estabelecimento de ligação do pólo social ao pólo estatal, a ser concretizado por múltiplos institutos, como a própria participação, de modo "a introduzir o mais possível a sociedade no seio estatal, pela atração ao próprio aparato do maior número de interesses sociais para confiar sua defesa e gestão aos próprios titulares".[217]

Nessa esteira, seria inevitável que tais influências repercutissem no direito brasileiro.

---

[215] SARLET, Ingo. *A Eficácia dos Direitos Fundamentais*, p. 193/194.

[216] *Fundamentos de Direito Constitucional da República Federal da Alemanha*. Trad. por Luís Afonso Heck. Porto Alegre: Sérgio Antonio Fabris, 1998, p. 288.

[217] MARTINS JÚNIOR, Wallace Paiva. *Transparência Administrativa – Publicidade, motivação e participação popular*. São Paulo: Saraiva, 2004, p. 295.

Aliás, já as Constituições de 1934 e 1946 o assinalam, deflagrando processo que, significativamente, Couto e Silva designa como "democratização da defesa do interesse público".[218] Até então implícita, ocorre, então, a introdução da ação popular, por expressa previsão, no art. 141, § 38 da Carta de 1946. Como bem observa Couto e Silva, era janela que se abria aos ventos da democracia participativa, permitindo que os indivíduos tivessem "acesso aos tribunais, agindo *pro populo*, no sentido da invalidação de atos lesivos ao interesse público, com a responsabilização de seus autores".[219]

Daí em diante, até a edição da Constituição de 1988, operou-se marcante ampliação do leque de instrumentos disponíveis ao cidadão, franqueando-lhe o acesso judicial. Embora em ritmo mais lento, percebeu-se, também, o chamado *reforço das bases constitucionais do direito administrativo,*[220] expondo a Administração Pública brasileira "à fiscalização e ao controle dos particulares, dilatando, por conseqüência, a participação dos indivíduos na realização dos fins de interesse público".[221]

Sem dúvida, pode-se afiançar que o prestigiamento da participação popular assim implica concretizar o *pluralismo político*, postulado da instituição republicana, a teor de expresso dispositivo constitucional (art. 1º, V). Por isso que, última análise, a participação popular corresponde a corolário da própria República, donde sua implementação resgata a verdadeira concepção de *res publica*, isso é, *coisa do povo e para o povo*.

5. A participação popular e a cidadania

Por certo, há quem sustente que o administrado, hoje em dia, deva ser encarado "essencialmente como "consumidor" ou "cliente" de uma Administração "gestora e garante". A assertiva não está errada, mas, evidentemente, padece de incompletude, já que visão tão restritiva ignora rudimentar noção de cidadania.

---

[218] COUTO E SILVA, Almiro. Os indivíduos e o Estado na Realização das Tarefas Públicas. *In: Revista de Direito Administrativo*, v. 209, p. 59.
[219] COUTO E SILVA, Almiro. Op. cit., p. 60.
[220] VEDEL, Georges *apud* MARCOU, Gerard. *Les Mutations du Droit de LAdministration en Europe*. Paris: Lharmattan, 1995, p. 58.
[221] COUTO E SILVA, Almiro. Op. cit., p. 61/62.

Conforme sustenta Valles Bento, o emprego da noção de "cliente" é imprópria. Assim, aplicá-la à Administração Pública, "vinculando-a à satisfação de expectativas individuais de quem utiliza um determinado serviço, vai de encontro à idéia republicana de que a administração existe para satisfazer o interesse público, isto é, de todos e não só de seus usuários".[222]

A respeito, colhe, às inteiras, a pertinente observação de Adilson Dallari, para quem a população deve se transformar em povo. "Cada um de nós [...] precisa tomar consciência da condição de cidadão e exercer plenamente as prerrogativas inerentes à cidadania", entre as quais, o "direito de exigir a eficiência da administração e a boa qualidade dos serviços públicos".[223]

Não se pode obscurecer o caráter dinâmico do próprio conceito de cidadania, cujo exercício deve ser desempenhado "de forma *permanente*, através da interação dos indivíduos e grupos sociais, movida pelos mais variados interesses individuais ou coletivos, públicos ou privados".[224]

Em acréscimo, atente-se ao que pondera Maria Benevides:

A cidadania exige instituições, mediações e comportamentos próprios, constituindo-se na criação de espaços sociais de lutas (movimentos sociais, sindicais e populares) e na definição de instituições permanentes para a expressão política, como partidos, legislação e órgãos do poder público.[225]

Embora a propósito da reforma administrativa francesa, Jacques Chevalier advertia para a nova figura do cidadão, no início dos anos oitenta, figura "que faz aparecer uma dimensão suplementar dentro da relação administrativa, a dimensão propriamente cívica, que excede a simples imposição de constrangimentos ou a outorga de prestações".[226]

Sem dúvida, ainda que diverso seja o contexto, a referência se amolda à situação brasileira, na qual se diagnostica a falta de cidadania

---

[222] BENTO, Leonardo Valles. Governança e Governabilidade na Reforma do Estado: Entre Eficiência e Democratização. Barueri, São Paulo: Manole, 2004, p. 93.

[223] *O que é funcionário público*. São Paulo: Brasiliense, 1989, p. 74.

[224] AZEVEDO, Fernando Costa de. *Defesa do Consumidor e Regulação*. Porto Alegre: Livraria do Advogado, 2002, p. 103.

[225] BENEVIDES, Maria Victória de Mesquita. Cidadania e democracia. *In: Revista Lua Nova*, n. 33, 1994, p. 5-16.

[226] *La reforme de l'État et la conception française du service public'* in *Réformer les administrations. Le dilemme entre unité et diversité* de Forges *et al*. Paris: La documentation française, 1998, p.p. 34/35 apud DALLARI BUCCI, Maria Paula. *In: Direito Administrativo e Políticas Públicas*. São Paulo: Saraiva, 2002, p. 118.

como origem da ineficácia estatal na implementação de seus direitos.[227]

Então comentando a Reforma Administrativa introduzida no Brasil, Bresser Pereira reporta-se à preleção de Cunill Grau, que "concentra a sua atenção no público não-estatal enquanto controle social e propõe a idéia da "publificação" da administração pública – ou seja, tornar "pública" uma "administração pública" que na prática atende a interesses privados".[228]

Trata-se de criar "espaço público de discussão", ensejando que a participação popular aproxime as decisões administrativas e as próprias políticas públicas dos interesses e valores dos diversos segmentos da sociedade.

Conforme a figura feliz de Mathiot, a participação enseja que se forme "ponte entre um mundo administrativo muito fechado e cidadãos muito esquecidos",[229] contribuindo para romper o indesejável desvão entre a Administração e os administrados.

Canotilho aduz, com propriedade, que *"democratizar a democracia através da participação* significa, em termos gerais, intensificar a *optimização da participação dos homens* no processo de decisão".[230]

Já não se pode recusar que tal participação infunde legitimidade à ação administrativa, porquanto o sentido finalístico que deve informá-la – o interesse público – não se satisfaz com a mera conformação à legalidade. A essa altura, pois, a participação avulta como pressuposto para assegurar a adequação do agir administrativo com os princípios da razoabilidade e da eficiência.[231]

Modo crescente, cada vez mais se acentua a preocupação em garantir espaços a discussões dos interessados, em sede administrativa. Sinalem-se, a respeito, a previsão de audiência pública, na Lei nº 8.666/93 (art. 39) e na Lei nº 10.257/01 (arts. 40, § 4º, I; 43, II e 44). De seu turno, a Lei de Responsabilidade Fiscal (LC nº 101/00) foi

---

[227] BUCCI, Maria Paula Dallari. *Direito Administrativo e Políticas Públicas,* p. 118.
[228] BRESSER PEREIRA, Luiz Carlos. *Reforma do Estado para a Cidadania* – A Reforma Gerencial Brasileira na Perspectiva Internacional, p. 151.
[229] MATHIOT, André. *Bureaucratie et democratie. In*: Pages de Doctrine, vol. I. Paris: 1980, p. 251, *apud* MEDAUAR, Odete. Op. cit., p. 215.
[230] CANOTILHO, José Joaquim Gomes. *Direito Constitucional,* p. 426.
[231] ARAGÃO, Alexandre Santos de. *Agências Reguladoras e a Evolução do Direito Administrativo Econômico,* p. 105.

incisiva, prevendo a "realização de audiências públicas durante os processos de elaboração e de discussão dos planos, lei de diretrizes orçamentárias e orçamentos" (art. 48, parágrafo único). Na questão ambiental, merece especial ênfase a Lei nº 9.985/00, que, entre outros requisitos, sujeita a criação de unidades de conservação à prévia consulta pública (art. 22). Em sede regulatória, entre outras, veja-se a Lei nº 9.478/97 (art. 18). De par, recorde-se a Lei nº 9.784/99, versando processo administrativo federal, que prevê, antes da decisão, a abertura de período de consulta pública (art. 31, *caput*) e de audiência pública (art. 32). Em matéria crucial, como é o caso da gestão de recursos hídricos, a Lei nº 9.433/97, não se descurou em valorizar a participação dos usuários, prevendo-a em inúmeros dispositivos (arts. 1º, VI, 34, III, 39, IV, 47, II).

Nem se pode desconhecer irrefreável tendência nos países democráticos, nos quais a participação já extrapolou sua origem, então ligada a questões de mero interesse local.

A propósito, é certo que o melhor parâmetro se situa no chamado direito das *agencies* norte-americanas. Em seu âmbito, mercê de expresso dispositivo do *Administrative Procedural Act – APA*, lei federal que regula o processo administrativo, sua atividade normativa exige procedimento regulamentar *participativo, compreensivo* e *racional*. Quanto à participação, implica oportunizar aos interessados a apresentação, por escrito, de informações, pontos de vista ou argumentos (Seção 553, "c" do Tít. 5 do US Code). Compreensão implica se estender a oportunidade de participação "a todos aqueles que possam ser atingidos pela regra em questão". Por último, o procedimento deve ser racional, de modo a se exigir das agências a demonstração de pertinência da norma editada com os elementos colhidos na fase de consulta pública, bem assim com a própria finalidade normativa".[232] De acordo com o *Administrative Procedural Act (APA)*, as agências poderão praticar duas atividades de maior relevo, quais sejam a *rulemaking* e a *adjudication*.

No tocante ao *rulemaking*, constitui-se no processo destinado à formação das normas "de aplicação geral ou particular, com efeitos futuros", com vistas a "implementar, interpretar, ou prescrever uma

---

[232] BRUNA, Sérgio Varella. *Agências Reguladoras:* Poder Normativo, Consulta Pública, Revisão Judicial, p. 204.

regra ou uma política".[233] A propósito, o APA prevê a efetiva participação dos interessados. Assim, quando a agência pretenda elaborar norma, a primeira medida será dar a devida ciência ao público, oportunizando-lhe manifestação a respeito. Após, facultada a oitiva ou não de testemunhas (a audiência pública não é obrigatória), a agência exporá ao público "as razões por ter acolhido ou não determinado ponto de vista".[234] Embora pouco freqüente, o procedimento poderá ser anulado pelo Judiciário, caso se verifique preterição às formalidades legais.[235]

Quanto à *adjudication*, constitui-se no processo necessário à edição das *orders* (atos administrativos), compreendendo "todos os casos em que deve haver a resolução de um conflito entre partes".[236] No caso, embora a multiplicidade dos procedimentos adotados, conclui-se a justiça, segurança e eficácia dos procedimentos, que observam o seguinte; "1) notificação dos interessados, 2) garantia da possibilidade de comentar o caso por escrito ou oralmente, 3) direito a uma decisão motivada, e 4) feita por um órgão de decisão imparcial".[237]

A influência norte-americana revelou-se decisiva na regência jurídica adotada no Brasil para a gestão das agências reguladoras, mercê de dispositivos específicos constantes em suas respectivas leis, bem assim na Lei nº 9.784/99, de aplicação subsidiária expressa (art. 1º combinado com o art. 69).

6. A participação nas funções legislativa, judicial e administrativa

O ordenamento constitucional e legal vigentes propiciam a existência de mecanismos de participação popular nas esferas legislativa, judicial e administrativa.[238]

No contexto legislativo, mercê de dispositivos constitucionais, a participação do povo se expressa por meio do *sufrágio universal*,

---

[233] BUENO, Vera Scarpinella. Devido Processo Legal e a Administração Pública no Direito Administrativo Norte-Americano. *In:* FIGUEIREDO, Lúcia Valle (Coord.). *Devido Processo Legal na Administração Pública*. São Paulo: Max Limonad, 2000, p. 54.
[234] BUENO, Vera Scarpinella. Op. cit., p. 59.
[235] Idem, p. 65.
[236] Idem, p. 49.
[237] Idem, p. 51.
[238] SANTOS, Jair Lima. *Tribunal de Contas da União & Controles Estatal e Social da Administração Pública*. Curitiba: Juruá, 2003, p. 99.

mediante plebiscito, referendo e iniciativa popular (art. 14, I,II e III e art. 61, § 2º da CF).

Desde a edição do Decreto nº 4.176, de 28/03/2002, outorgou-se competência à Casa Civil da Presidência da República para decidir sobre a instauração de consulta ou de audiência pública, em se tratando de "projeto de ato normativo de especial significado político ou social", com vistas à coleta de sugestões de órgãos, entidades ou pessoas. Trata-se de interessante novidade, que, embora ainda utilizada com parcimônia (apenas nove vezes), enseja a participação popular na elaboração de projetos de lei de iniciativa do Chefe do Executivo.

Por outro lado, adquiriu notável incremento a participação popular com vistas a provocar o controle dos atos da Administração Pública pelo Poder Judiciário, em especial, a partir da edição da Carta de 1988. Assim, aos instrumentos tradicionais já existentes (mandado de segurança, *habeas corpus* e ação popular) somaram-se o mandado de segurança coletivo, o mandado de injunção, o *habeas data*, a ação civil pública e a ação civil de improbidade. De par, também experimentou ampliação o elenco de remédios para o controle de constitucionalidade das leis e atos normativos.

Entretanto, foi na seara administrativa que, após a edição da Constituição Federal de 1988, observou-se o mais significativo incremento da participação popular.

Conforme destaca Enterría, a "tradição constitucional havia justificado uma concentração do princípio representativo no poder legislativo, de onde, através do papel predominante da lei como produto do mesmo, irradiava aos outros poderes".[239] Tal, porém, não se afigurava suficiente, para tanto contribuindo "a consciência da necessidade de uma interiorização (ou acercamento, ao menos) do poder na sociedade e Estado, que foi base da construção liberal".[240] Até mesmo em nome da "técnica elementar de eficiência", impunha-se substituir "a tradução da Administração autoritária como uma Administração 'participada'".[241] Era o tempo de se produzir a atuação cidadã sobre as funções administrativas, que se concretizaria em três círculos: (a) orgânica, (b) funcional e (c) cooperativa.

---

[239] ENTERRÍA, Eduardo Garcia de e outro. *Curso de Direito Administrativo*. Trad. por Arnaldo Setti. São Paulo: Revista dos Tribunais, 1991, p. 800.
[240] Idem, p. 800.
[241] Idem, p. 800.

Quanto à *participação orgânica*, supõe "a inserção dos cidadãos [...] em órgãos formalizados de entidades administrativas". No caso, leva-se "ao seio da organização a voz de quem são os interessados diretos em seu funcionamento", sem, porém, criar-se um "modelo corporativo", cabendo a tais cidadãos colaborarem na organização e funcionamento da Administração, "o que não se faz coisa própria e exclusiva deles, senão que serve a interesses mais gerais".[242]

Com relação à *participação funcional*, o cidadão "adota uma posição puramente individual de colaborador da Administração", seja contribuindo com sugestões, apresentando iniciativas e denúncias ou, inclusive, ingressando em juízo. Em tais situações, exercem funções públicas, ainda que "possam utilizar-se em serviço de seus próprios interesses privados".[243]

Por último, ainda há as *fórmulas cooperativas de participação*. Na espécie, o administrado não se integra na administração, tampouco exerce funções públicas, "senão que realiza uma atividade estritamente privada", embora "no sentido propugnado ou estimulado pelo Administrador", por "mais conveniente aos interesses gerais".[244] A propósito, Enterría invoca, como exemplos, em sua pátria, as fundações e as associações de utilidade pública.[245] No Brasil, é o caso do chamado *terceiro setor*, que se mostra "de difícil definição, dada a sua amplitude, heterogeneidade, raízes ideológicas e políticas diversas".[246] Mas que, inobstante, convencionou-se denominar "o segmento composto de organizações privadas, sem fins lucrativos, que possuem finalidades públicas, mas são independentes do Estado e das empresas privadas".[247]

7. A processualização: a democratização na tomada de decisões

À luz do direito administrativo tradicional, os atos administrativos constituem manifestação volitiva da Administração Pública, consistindo em expressão de sua própria supremacia.

---

[242] Idem, p. 804.
[243] ENTERRÍA, Eduardo Garcia de e outro. Op. cit., p. 808.
[244] Idem, p. 809.
[245] Idem, p. 810.
[246] SILVA, Ilse Gomes. *Democracia e Participação na "Reforma do Estado"*. São Paulo: Cortez, 2003, p. 100.
[247] SANTOS, Jair Lima. *Tribunal de Contas da União & Controles Estatal e Social da Administração Pública*, p. 104.

De acordo com a doutrina clássica, a formação de vontade da Administração sempre se fez dependente de um sentido finalístico, tendente a concretizar o interesse público subordinado à observância de procedimentos, sob pena de sua invalidade. A moderna tendência do direito administrativo vem agregar a participação popular como decisiva à própria legitimação da ação administrativa. Em realidade, a participação do povo passa a se imbricar no *due process of law*, o qual informa "a necessidade de seguir um processo ou procedimento justo quando a ação executiva, legislativa ou judicial, tem por objeto os bens vida, liberdade ou propriedade".[248] E que, hoje em dia, constitui-se em corolário do Estado Democrático de Direito, exigindo, no dizer de Canotilho, "procedimento justo e adequado de acesso ao *direito e de realização do direito*".[249] Nessa senda, a realização do direito depende da conformação jurídica do procedimento e do processo, cabendo, então, a observância de princípios e regras, que constituem garantias gerais de procedimento e de processo. Há, então, as garantias de processo judicial, as garantias de processo penal e, especificamente, as garantias do procedimento administrativo. Entre estas, Canotilho arrola o direito de participação do particular, o princípio da audição jurídica, o princípio da informação, o princípio da fundamentação dos atos administrativos onerosos, o princípio da conformação do procedimento segundo os direitos fundamentais e o princípio do arquivo aberto.[250] Recentemente, a Emenda Constitucional nº 45/04 incorporou importante garantia, haja vista o art. 5º, LXVIII, segundo o qual se assegura, em âmbito judicial e administrativo, o direito à duração razoável do processo.

    A eloquente preleção do acatado mestre de além-mar se explica, ante a precursora dicção da Constituição Portuguesa, muito avante de suas congêneres, acerca do tema.

    Assoma oportuna a abordagem de Egon Bockmann Moreira, que, em interessante estudo, percorre o direito vigente em outros países, inferindo-se noções mais tímidas, que, via de regra, cingem-se a ensejar o direito de defesa e a participação do próprio interessado no ato a ser editado.[251] Ou seja, sem se cogitar de hipótese em que os interesses

---

[248] BUENO, Vera Scarpinella. Devido Processo Legal e a Administração Pública no Direito Administrativo Norte-Americano. *In:* FIGUEIREDO, Lúcia Valle (Coord.). *Devido Processo Legal na Administração Pública*, p. 19.
[249] CANOTILHO, José Joaquim Gomes. *Direito Constitucional*, p. 385.
[250] Idem, p. 385/386.
[251] *Processo Administrativo* – Princípios Constitucionais e a Lei 9.784/99. São Paulo: Malheiros, 2000, p. 157/191.

em jogo pudessem suscitar a acorrência de múltiplos interessados, propiciando a participação popular.

Sem dúvida, o exemplo português estimula e merece ser seguido pelo direito brasileiro.

Com efeito, à medida que se aprofunda o exame dos fundamentos da República, sob o viés da própria Constituição brasileira, extrai-se a incidência de valores expressos, quais sejam a *cidadania* e o *pluralismo político* (art. 1º, II e V), justificando a urdidura de ordem legal que trate de efetivá-los.

Nesse compasso, assumem particular relevo a Lei nº 9.784/99, que regula o processo administrativo no âmbito da administração pública federal, bem assim a legislação específica, pertinente às agências reguladoras, a qual se ocupa, expressamente, de disciplinar a participação popular, mediante audiências e consultas públicas.

Oportuniza-se, então, a questão da legitimidade das agências reguladoras, mormente ante a crítica – embora indevida – de que exercerão variedade de poder normativo estatal sem a investidura política democrática. Em realidade, trata-se de entes dotados de funções administrativas, e não de funções políticas, mas que, sem embargo, reclamam legitimação social, a qual se "instrumentaliza pela *processualidade administrativa*, na linha clássica do *due process* anglo-saxônico, ao garantir a *participação* de todos os interessados através da publicidade, pela intervenção, pelo contraditório e pela ampla defesa".[252]

À evidência, tal legitimação não implica substituir-se a democracia representativa pela democracia direta, mas a

> passagem da democracia na esfera política, isto é, na esfera em que o indivíduo é considerado como cidadão, para a democracia na esfera social, onde o indivíduo é considerado na multiplicidade de seus status, por exemplo de pai e de filho [...] de produtor e de consumidor, de gestor de serviços públicos e de usuário etc.[253]

Conforme arremata Bobbio, a esfera política "está incluída numa esfera muito mais ampla, a esfera da sociedade em seu conjunto". Por isso que para se aferir o desenvolvimento da democracia em certo país já não mais se perguntará "Quem vota?", mas "Onde vota?".[254]

---

[252] MOREIRA NETO, Diogo de Figueiredo. *Direito Regulatório*. Rio de Janeiro – São Paulo: Renovar, 2003, p. 156.
[253] BOBBIO, Norberto. *Estado, Governo e Sociedade*. 8. ed. São Paulo: Paz e Terra, 2000, p. 156.
[254] Idem, p. 156/157.

Em realidade, democracia representativa e democracia participativa não são incompatíveis. Ao reverso, "torna-se imprescindível adequar os procedimentos de participação democrática à democracia representativa", de modo a lhe reduzir o déficit natural.[255] Por certo, a democracia participativa "é uma idéia nobre", sendo que "alguns dos seus elementos devem ser funcionalmente incorporados na democracia representativa".[256] Evidentemente, porém, consistiria "retrocesso pensar nos cidadãos controlando e participando diretamente nas tomadas de decisão governamental".[257] Por óbvio, conquanto se reconheça "o papel da participação no conjunto do processo decisório, [...] não se pode substituir aqueles que recebem um mandato popular com responsabilidades de decidir e implementar ações que respondam às necessidades do povo".[258]

Há de se reconhecer que "a participação cidadã não nega o sistema de representação, mas busca aperfeiçoá-lo, exigindo a responsabilização política e jurídica dos mandatários, o controle social e a transparência das decisões", consistindo o "grande desafio da teoria política contemporânea" a articulação entre os mecanismos de representação e os de participação".[259] Por isso que, antes de inconciliáveis, democracia representativa e democracia participativa devem ser compatibilizadas. Boaventura Santos aponta duas formas possíveis de combinação entre elas: coexistência e complementaridade. Quanto à *coexistência*, implica uma convivência, em níveis diversos, das diferentes normas de procedimentalismo, organização administrativa e variação de desenho institucional".[260] De seu turno, a *complementaridade* acarreta uma articulação mais profunda, entre ambas, pressupondo

> o reconhecimento pelo governo de que o procedimentalismo participativo, as formas públicas de monitoramento dos governos e os processos de deliberação pública podem substituir parte do processo de representação e deliberação tais como concebidos no modelo *hegemônico de democracia*.[261]

---

[255] CLÈVE, Clemerson. *Temas de Direito Constitucional*. São Paulo: Acadêmica, 1993, p. 16/17.
[256] SHETH, D.L. Micromovimentos na Índia: para uma nova política de democracia participativa. In: SANTOS, Boaventura de Souza (org.). *Democratizar a Democracia*. Rio de Janeiro: Civilização Brasileira, 2002, p. 112.
[257] Idem, ibidem.
[258] TEIXEIRA, Elenaldo Celso. *O Local e o Global – Limites e Desafios da Participação Cidadã*, p. 41.
[259] Idem, p. 30.
[260] SANTOS, Boaventura de Souza; AVRITZER, Leonardo. In: SANTOS, Boaventura de Souza (org.). *Democratizar a Democracia*. Rio de Janeiro: Civilização Brasileira, 2002, p. 75.
[261] Idem, p. 76.

Já por isso é que se denota o avanço da *consensualidade*, presidindo as decisões da administração pública, com notória vantagem sobre a imposição da *imperatividade,* própria dos padrões do direito administrativo clássico. É a vez da administração concertada (ou *soft administration*), que, em vez de decidir unilateralmente, "oportuniza a participação dos cidadãos interessados debatendo com eles a questão de interesse comum, buscando ao máximo uma solução de consenso".[262]

A consagração da consensualidade apresenta óbvias e relevantes conseqüências. De um lado, incrementa a transparência e a moralidade das atividades administrativas, na medida em que a identificação das partes acordantes afasta eventuais insinuações sobre a lisura do consenso, que seriam inevitáveis, caso celebrado na penumbra. Por outro lado, já que se constitui em instrumento efetivo de superação dos conflitos, "assegura uma maior estabilidade nas relações administrativas, aumentando o grau de segurança jurídica das partes envolvidas".[263]

Nesse passo, desponta como relevante a função legitimadora dos procedimentos decisórios em que incida a *participação*.[264] Ainda de acordo com Luhmann, a sociedade moderna já não se legitima pelo recurso a verdades invariáveis, mas, principalmente, por meio da participação em procedimentos.[265]

Aliás, tal não escapou à percepção de Odete Medauar, para quem "A processualidade está associada ao exercício do poder", por isso que, sob pena de se tornar "unilateral e opressiva, (a impessoalidade) deve encontrar expressão em termos de paridade e imparcialidade no processo pré-ordenado".[266]

Em seu já citado clássico, Luhmann observa a insuficiência da força física para apoiar um sistema político, necessitando consenso para viabilizar o exercício do poder de forma duradoura.[267] O objetivo do procedimento não será alcançar o acordo entre os interessados em

---

262 SILVA, Fernando Quadros da. *Agências Reguladoras,* p. 67.
263 BAPTISTA, Patrícia. *Transformações do Direito Administrativo,* p. 267.
264 LUHMANN. *Legitimação pelo Procedimento.* Trad. por Maria da Conceição Corte-Real. Brasília: UnB, 1980, p. 9, apud BRUNA, Sérgio Varella. Op. cit., p. 182.
265 Idem, ibidem.
266 *Direito Administrativo Moderno.* São Paulo: Revista dos Tribunais, 1986, p. 189.
267 LUHMANN. *Legitimação pelo Procedimento,* op. cit., p. 26.

conflito, até porque é justamente a sua falta que dá lugar à questão da legitimidade. Em realidade, o procedimento visará à absorção do eventual descontentamento dos participantes do processo. De rigor, o procedimento serve para *institucionalizar o conflito*, assegurando que as insatisfações naturais sejam postas sob controle.[268]

Daí decorre que a participação e a consensualidade se vêm tornando decisivas para as democracias contemporâneas, pois contribuem para aprimorar a governabilidade, frenar o abuso, garantir a atenção a todos os interesses, assegurar a legitimidade, desenvolver a responsabilidade e instaurar a ordem.[269]

Não se haverá de supor que a participação do interessado deva ser garantida em qualquer procedimento administrativo. É certo, porém, que "a institucionalização desta exigência pelo sistema jurídico permite graduar a extensão democrática do Estado".[270]

Tal a tendência que se vem verificando nos ordenamentos constitucionais contemporâneos, haja vista, por exemplo, a Constituição portuguesa (1976), que não se poupou em inserir dispositivos no sentido do estímulo da participação popular na gestão pública. Nesse diapasão, atente-se ao art. 267º, nº 1, que determinou se estruture a Administração Pública de modo a "aproximar os serviços das populações e a assegurar a participação dos interessados na sua gestão efectiva, designadamente por intermédio de associações públicas, organizações de moradores e outras formas de representação democrática".

De sua vez, a Constituição da Argentina (1994) também dispôs a respeito, cumprindo sinalar o art. 42, que, além de reconhecer direito à "qualidade e eficiência dos serviços públicos", ainda previu a edição de legislação que "estabelecerá procedimentos eficazes para a prevenção e solução de conflitos e os marcos regulatórios dos serviços públicos", inclusive versando a necessária participação das associações de consumidores e usuários nos órgãos de controle.

A Constituição da Espanha (1978) tampouco foi omissa, haja vista o disposto no art. 51, cuja redação, certamente, serviu de inspiração ao constituinte argentino. Além disso, o art. 23 assegura aos cidadãos a

---

[268] LUHMANN. *Legitimação pelo Procedimento*, p. 165/166.
[269] MOREIRA NETO, Diogo Figueiredo de. *Mutações do Direito Administrativo*, p. 41.
[270] BACELLAR FILHO, Romeu Felipe. *Processo Administrativo Disciplinar*. 2. ed. São Paulo: Max Limonad, 2003, p. 136.

participação nos assuntos públicos, diretamente ou por meio de representantes; no art. 105, remete à disciplina legal a regulação da audiência dos cidadãos, diretamente ou por meio de organizações, na elaboração de atos administrativos que os afetem.

Merece especial menção a Constituição da Colômbia, que, além de ressaltar a natureza "democrática, participativa e pluralista" do Estado (art. 1º), aduz, como seu fim, "facilitar a participação de todos nas decisões que os afetem na vida econômica, política, administrativa e cultural da Nação" (art. 2º). E que, por fim, atribui ao Estado o dever de garantir "a participação das organizações de consumidores e usuários nos estudos das disposições que lhes concernem" (art. 78).

Embora a Constituição Federal de 1988 se tenha notabilizado pela constitucionalização invulgar de regras pertinentes à Administração Pública, muitas das quais bem poderiam ser tratadas em nível de lei, é forçoso – e lamentável! – constatar sua timidez na previsão da participação popular. Ainda assim, foram previstas algumas práticas participativas:

> no art. 10 assegura a participação de trabalhadores e empregadores nos colegiados dos órgãos públicos onde seus interesses profissionais ou previdenciários sejam objeto de discussão e deliberação; no item VII do art. 194 arrola um dos objetivos da organização da seguridade social: a participação da comunidade, em especial de trabalhadores, empresários e aposentados na gestão administrativa; o item III do art. 198 contém uma das diretrizes do sistema único de saúde: a participação da comunidade; uma forma de controle popular ou controle social da Administração, mediante participação, vem prevista no art. 31, § 3º, segundo o qual as contas dos municípios ficarão durante sessenta dias por ano à disposição de qualquer contribuinte para exame e apreciação, com possibilidade de questionar-lhes a legitimidade; e outra forma vem indicada no § 2º do art. 74, que atribui legitimidade a qualquer cidadão, partido político, associação ou sindicato para denunciar irregularidades ou ilegalidades perante o Tribunal de Contas.[271]

Ademais, ainda à guisa de mera exemplificação, caberia acrescentar o art. 14, que garantiu a iniciativa popular nos processos legislativos e o art. 29, que instituiu a participação dos representantes de associações populares no processo de organização das cidades. Recentemente, por meio da Emenda Constitucional nº 19/98, introduziu-se norma que prevê a participação do usuário na administração pública

---

[271] MEDAUAR, O. *O direito administrativo em evolução*. São Paulo: Revista dos Tribunais, 1992, p. 218.

direta e indireta, ensejando-lhe o direito a reclamações, à representação e ao acesso a registros administrativos e a informações sobre atos de governo (art. 37, § 3º). Por meio da aludida regra, prescreveu-se, em sede constitucional, o direito de reclamação, que constitui espécie do direito de petição em favor do cidadão-usuário, enriquecendo o arsenal de instrumentos com vistas à efetiva participação popular. Conquanto a norma exija a edição de lei regulamentadora, sustenta-se que, ao menos na esfera federal, já a essa altura, seja viável o exercício do direito, mercê da vigência da Lei nº 9.784/99 (arts. 1º e 9º).[272]

Desenganadamente, não se afigura suficiente que a incidência dos postulados do Estado de Direito se restrinja aos Poderes de Estado, senão que se exige a aplicação de tais princípios, inclusive, sobre a atuação da própria Administração Pública. Com efeito, se a participação popular não se fizer efetiva, real, no âmbito da função administrativa, soaria impróprio cogitar-se de democracia, até porque, como bem assevera Allegretti, "inexiste democracia sem democracia da administração".[273]

No âmbito estrito dos serviços públicos, vige o art. 175, que, modo expresso, remete à lei específica a disposição sobre "os direitos dos usuários" (parágrafo único, II). Omite, porém, lamentavelmente, qualquer alusão à sua participação, quando bem poderia ter seguido o exemplo da Constituição da Espanha (art. 51).

Não obstante, já não podem remanescer dúvidas, no sentido da imprescindibilidade da participação popular. À luz de tal premissa, será o caso, pois, de viabilizá-la, de modo que se possa promover à efetiva captação da vontade popular. Por outro lado, já não padece dúvida que a noção de Estado Democrático de Direito "se traduz em fórmula democrática de formação de vontade dos agentes públicos", razão por que a "atividade administrativa passa a ser processualizada", com vistas, não apenas a "tutelar os particulares e seu patrimônio contra desmandos dos agentes estatais", como também ao efeito de estabelecer limitação ao poder político.[274]

---

[272] SCHIER, Adriana da Costa Ricardo. *A Participação Popular na Administração Pública:* o Direito de Reclamação. Rio de Janeiro – São Paulo: Renovar, 2002, p. 228/229.

[273] ALLEGRETTI, Umberto. Pubblica Amministrazione e ordinamento democrático *apud* MEDAUAR, Odete. *O Direito Administrativo em Evolução.* São Paulo: Revista dos Tribunais, 1992, p. 164.

[274] JUSTEN FILHO, Marçal. *O Direito das Agências Reguladoras Independentes*, p. 559.

Parafraseando Sundfeld, "decidir é fazer processos – isto é, toda atividade decisória é condicionada por princípios e regras de índole processual".[275]

Nessa esteira, compreende-se a importância que adquire um código de processo administrativo, quer com vistas a assegurar a efetividade da Administração Pública, quer de modo a instrumentalizar as garantias dos cidadãos, acolhendo em seu *iter* princípios de índole constitucional.

De plena pertinência, a observação de Bacellar Filho, no sentido de que

> o fenômeno mundial da legislação sobre o procedimento administrativo representa um indício de avanço democrático: chegar a um consenso sobre como os conflitos entre a Administração e os cidadãos devam ser resolvidos indica, acima de tudo, a implementação de um sistema que não permita a existência de um poder personalizado e arbitrário.[276]

Daí por que, a partir da influência do direito norte-americano (em especial, em face do *Administrative Procedural Act*), passa-se a adotar a regra da procedimentalidade administrativa, buscando-se a colaboração dos destinatários no processo administrativo.

No âmbito das agências reguladoras brasileiras, registra-se idêntico fenômeno, exigindo-se que sua atividade normativa observe princípios e regras próprios, a partir de procedimentos estabelecidos na lei instituidora de cada uma. No caso de omissão, caberá "aplicar-se os princípios gerais de cunho processual e as regras determinadas pela Lei nº 9.784/99".[277]

Significa, pois, que a atividade das agências deve oportunizar a participação de todos os interessados, implicando, "não só a introdução de mecanismos de ouvidoria ou de conselhos consultivos, mas, principalmente, a criação de instrumentos que obriguem a consulta e a participação dos atores envolvidos no processo de regulação".[278]

No dizer de Odete Medauar, concretiza-se a aproximação entre a Administração e os cidadãos e a Administração Pública, rompendo-se a idéia de contraposição, de sorte que se "muda a perspectiva do

---

[275] SUNDFELD, Carlos Ari. Introdução às Agências Reguladoras. In: *Direito Administrativo Econômico*, p. 19.
[276] BACELLAR FILHO, Romeu Felipe. *Processo Administrativo Disciplinar*, p. 131.
[277] JUSTEN FILHO, Marçal. *O Direito das Agências Reguladoras Independentes*, p. 564.
[278] MARQUES NETO, Floriano Azevedo. A Nova Regulação Estatal e as Agências Independentes. In: *Direito Administrativo Econômico*, p. 96.

cidadão visto em contínua posição de defesa contra o Poder Público que age de modo autoritário e unilateral; quebra-se a tradição de interesse público oposto a interesse privado".[279]

Feliz iniciativa foi adotada na Lei nº 9.472/97, que, entre os órgãos diretivos da ANATEL, incluiu o Conselho Consultivo, "órgão de participação institucionalizada na Agência" (art. 33). No caso, além de representantes indicados pelo Senado Federal, Câmara dos Deputados e Poder Executivo, haverá representantes apontados por "entidades de classe das prestadoras de serviços de telecomunicações, por entidades representativas dos usuários e por entidades representativas da sociedade" (art. 34, *caput*). Embora seu caráter exclusivamente opinativo, releva notar sua obrigatória oitiva na fixação das políticas aplicáveis ao setor, constituindo efetiva contribuição à implementação da participação popular no âmbito dos entes reguladores.

Ao ver de Aguillar, tal se constitui na "mais importante inovação jurídica em matéria de controle social",[280] visto que assim se busca superar a preocupação em se qualificar a representação dos usuários, naturalmente desprovidos de conhecimentos técnicos, quanto aos serviços de telecomunicações.

Contudo, coube à AGERGS concretizar a experiência mais contundente na participação popular na gestão direta de uma agência reguladora. No caso, assegurou-se a representatividade de *todos* os segmentos interessados no próprio órgão diretivo máximo. Assim, tem-se que o Conselho Superior será composto por sete membros: três, de livre indicação do Governador do Estado; um, representante do próprio quadro funcional da AGERGS; dois, representantes dos consumidores no Estado e um, representante dos concessionários, permissionários e autorizatários de serviços públicos no Estado (art. 6º, *caput* da Lei nº 10.931, de 9/1/97).

8. Objeções à participação popular

Certamente, não se pode olvidar conseqüências inerentes à participação popular, que poderão ser encaradas como inconvenientes, quiçá gerando eventuais críticas.

---

[279] *A Processualidade no Direito Administrativo*. São Paulo: RT, 1993, p. 67.
[280] AGUILLAR, Fernando Herren. *Controle Social de Serviços Públicos*, p. 252.

Não falta, por exemplo, quem vislumbre na participação um sentido de enfraquecimento da democracia representativa, na medida em que, de fato, a dinâmica participativa implica a perda de ascendência do Legislativo sobre o Executivo e a Administração. Obtempera-se, porém, com vantagem, que o paralelismo da atuação popular é imbuído de caráter de complementaridade e, sobretudo de adequação ao ordenamento legal.

Boaventura Santos e Avritzer apontam o orçamento participativo como exitosa experiência nos municípios de Porto Alegre e Belo Horizonte, na qual se experimentou "uma primeira forma bem-sucedida de combinação entre elementos da democracia representativa e da democracia participativa".[281] Tal prática é pressuposto do "reconhecimento pelo governo de que o procedimentalismo participativo, as formas públicas de monitoramento dos governos e os processos de deliberação pública podem substituir parte do processo de representação e deliberação, tais como concebidos no modelo hegemônico de democracia".[282]

Ademais, objeta-se com a inviabilidade de se vincular toda a atividade administrativa à participação direta de particulares, o que poderia comprometer a própria eficiência da administração, mediante sua indesejável burocratização.[283] Antes de desestimular, tal dificuldade deve servir de norte, com vistas a se estabelecer a participação em situações prioritárias que a justifiquem, evitando-se o inútil emperramento da máquina administrativa e afastando objeções que possam desprestigiá-la.

Tampouco assiste razão aos que cogitam de comprometimento da eficiência, mercê da introdução de práticas participativas. A uma, porque, como adverte L. Parejo Alfonso,[284] os princípios constitucionais devem ser ponderados, descabendo, de logo, privilegiar-se a eficiência em detrimento de outros valores, inclusive o princípio participativo. A duas, porque fere o senso rudimentar acreditar-se na maior probabilidade do acerto de decisões unilaterais, geradas à margem da discussão e do consenso.

---

[281] SANTOS, Boaventura de Souza; AVRITZER, Leonardo. *In:* SANTOS, Boaventura de Souza (org.). *Democratizar a Democracia,* p. 66.
[282] Idem, p. 76.
[283] Idem, p. 75.
[284] ALFONSO, Parejo. Estado Social y Administración Pública. Madrid: Civitas, 1983, p. 98 *apud* MEDAUAR, Odete. *O Direito Administrativo em Evolução.* São Paulo: RT, 1992, p. 220.

Outrossim, carece de valor a objeção de que a participação acarretará maiores delongas e custos, até porque "O custo da democracia é precisamente o custo decorrente do envolvimento de mais pessoas".[285] Aliás, tal crítica preocupa, visto que, levada às últimas conseqüências, poderia desembocar em restrição à própria democracia representativa, invocando-se, por exemplo, as eleições e os subsídios dos parlamentares...

Nem prospera a crítica de que os efeitos da participação redundarão em exclusivo proveito do poder econômico, por consabido que este é mais organizado e coeso. Tal argumento peca por ingenuidade, porquanto tais *lobbies* já são institucionalizados e a valorização da participação popular resulta ensejar acesso aos que, de outro modo, teriam dificuldades de se manifestar.

Deve-se evitar, isso sim, que a participação consagre a prevalência de interesses privados em prejuízo do interesse público. Ilustrativo, nesse passo, o comentário de Villela Souto, que, discorrendo sobre a participação nas audiências públicas, preconiza a necessidade de se disciplinar a celebração, "de modo que seja possibilitada a manifestação das diversas correntes de opinião (n° máximo de expositores, preferência, prazo mínimo de convocação para a sessão)".[286]

Indiscutivelmente, sempre haverá o perigo da *participação falsificada*, ou seja, de a Administração tentar manipular os participantes, mercê de instrumentalização partidária. Não se deve ignorar que, em se tratando de processo conduzido por órgão governamental, "há o risco de certo dirigismo, de não se constituir um espaço tão autônomo, sobretudo quando implementado de cima para baixo", em setores onde a sociedade civil seja pouco estruturada.[287] Ou, ainda, quando ocorra a "apropriação pseudocorporativa das decisões administrativas por forças sociais, organizadas ou não, que logram assenhorear-se ou predominar na participação".[288] Isso, de modo a obstar que os debates e demandas sociais possam ser cooptados por interesses hegemônicos,

---

[285] CRAIG, Paul. Administrative Law.. 4. ed. London: Sweet & Maxwell, 1999, p. 382 *apud* BAPTISTA, Patrícia. Op. cit., p. 157.

[286] *Direito Regulatório*. Rio de Janeiro: Lumen Juris, 2002, p. 55.

[287] TEIXEIRA, Elenaldo Celso. *O Local e o Global – Limites e Desafios da Participação Cidadã*, p. 166.

[288] ALFONSO, Parejo. Estado Social y Administración Pública. Madrid: Civitas, 1983, p. 98 *apud* MEDAUAR, Odete. *O Direito Administrativo em Evolução*, p. 220.

servindo-lhes para o perverso fim de legitimar a exclusão social.[289] Em que pese não se deva minimizar tais problemas, é induvidoso que a "disciplina básica das formas participativas e a conduta mediadora da autoridade administrativa contribuem para atenuar o risco", de sorte que tal deve incitar ao aperfeiçoamento do instituto, antes de relegá-lo.[290]

9. Instrumentos de participação popular

A essa altura, já se pode asseverar que a participação dos cidadãos infunde legitimidade às decisões que os afetarão. Em sede de serviços públicos, tal avulta com maior nitidez. Por certo, a Constituição vigente deixou a desejar, conforme já se observou. De rigor, a disciplina da matéria ficou relegada à legislação, a princípio, no bojo da Lei nº 8.078/90 (Código de Defesa do Consumidor). A seguir, sobreveio a Lei nº 8.987/95 (a chamada Lei Geral das Concessões de Serviços Públicos), que assegurou aos usuários o direito a *"receber serviço adequado"* (art. 7º, I), sem prejuízo do disposto na lei consumerista. Por sua vez, a Lei nº 9.472/97 (Lei Geral de Telecomunicações), embora fosse dispensável, ainda reconheceu ao usuário uma ampla gama de direitos (art. 3º), à qual é correlata a atribuição de deveres ao Poder Público, com vistas a assegurá-los (art. 2º).

Nesse contexto, tendo em vista que "o exercício da discricionariedade se dá através da ponderação entre os diversos e genéricos interesses em questão, nada mais justo e natural que seus titulares e defensores possam manifestar as suas posições perante a Administração".[291]

Induvidosamente, o modelo brasileiro procurou adotar práticas que emprestassem visibilidade aos misteres regulatórios, apartando-se da experiência inglesa de regulação, por exemplo, cuja tradição é "ser secreta e informal em contraste ao estilo legalista e confrontador do estilo americano".[292]

---

[289] SANTOS, Boaventura de Souza; AVRITZER, Leonardo. *In:* SANTOS, Boaventura de Souza (org.). *Democratizar a Democracia,* p. 74.
[290] MEDAUAR, O. *O direito administrativo em evolução,* p. 220.
[291] ARAGÃO, Alexandre Santos de. *Agências Reguladoras e a Evolução do Direito Administrativo Econômico,* p. 435/436.
[292] EBERLEIN, Burkard. Regulating Public Utilities in Europe: Mapping the Problem. EUI Working Paper, RCS, 98/42, p. 23 *apud* QUADROS, Fernando. Op. cit., p. 104.

Cuida-se, então, de associar a sociedade civil à gestão administrativa, concretizando o chamado Estado Inteligente. Introduz-se a *co-gestão* pública, ensejando-se a intervenção dos cidadãos, com repercussão direta no conteúdo das decisões administrativas e na própria *formulação de políticas públicas*.[293]

De rigor, tem-se delineado o *princípio participativo*, expressão do próprio Estado Democrático de Direito, que Fabiana de Menezes Soares reconhece "o único possível de diminuir, concretamente, o abismo existente entre o sistema normativo e a realidade social e do Estado de Direito e a sociedade civil".[294]

Dentre os tantos instrumentos que mobilizam a participação popular, sobrelevam a *consulta pública* e a *audiência pública*, que deitam raízes no direito alienígena, e, no caso específico das agências reguladoras brasileiras, receberam significativa atenção.

9.1. Consulta pública

A consulta pública tem precedentes no direito europeu. Na Alemanha e na Itália é instituto de trato freqüente, em temas municipais. Na França, há as chamadas *enquetes* (Leis de 10/07/76, 12/07/83 e de 02/02/95; Decreto nº 85.463, de 23/04/85) inclusive, nos casos de desapropriação, antes da declaração de utilidade pública, observando-se que a previsão legal faz obrigatória sua realização. Na Espanha, existe a *información pública* (art. 86 da Lei nº 30/92).

Consoante já se verificou, porém, é no direito norte-americano que se colhe orientação mais consentânea com aquela adotada no ordenamento brasileiro. O procedimento regulamentar previsto no APA compreende três fases: (a) proposta normativa, (b) consulta pública, e (c) decisão. De início, cabe à agência, por meio do respectivo edital, delinear o procedimento de consulta pública a ser adotado, quanto à norma proposta, em especial, ao efeito de destacar "as questões de particular interesse sobre as quais se esperam comentários". Ao depois, na fase de consulta pública, propriamente dita, concede-se aos interessados o ensejo de aduzirem, por escrito, seus comentários à proposta, aportando os elementos que reputem adequados. Por último, em sede

---
[293] KLISKSBERG *apud* SOARES, Fabiana de Menezes. *Direito Administrativo de Participação*. Belo Horizonte: Del Rey, 1997, p. 158.
[294] Idem, p. 157/158.

de decisão, conquanto não se imponha exaustiva motivação, é imprescindível que a autoridade edite "uma justificação concisa de seus fundamentos e objetivos". A propósito, não se exige que a agência decida exclusivamente com base nos elementos aportados pelos particulares, admitindo-se que se valha do seu próprio conhecimento técnico e de sua experiência.[295]

No direito pátrio, a consulta pública foi inicialmente versada na Lei nº 9.784/99, no art. 31, *caput:*

> Quando a matéria do processo envolver assunto de interesse geral, o órgão competente poderá, mediante despacho motivado, abrir período de consulta pública para manifestação de terceiros, antes da decisão do pedido, se não houver prejuízo para a parte interessada.

Daí resulta que a consulta tem a natureza de *procedimento incidental* em processo administrativo já instaurado, contando com rito específico, previsto na referida lei (arts. 31 e 34).

Tal como constou, poderia parecer que a lei pretendeu conferir mera faculdade à Administração, no tocante à realização da consulta. Entretanto, tendo em vista a natureza democrática do instituto, em se tratando de matéria de interesse geral, em tais situações, a regra será convocá-la, prescindindo-se-a, tão-somente, quando possa acarretar prejuízo ao interessado, *v.g.*, na hipótese de urgência .

Na espécie, procede o comentário de Aragão, para quem, ante requerimento de terceiro, a realização da consulta só poderá ser prescindida quando "satisfatoriamente motivada face aos princípios e valores constitucionais que privilegiam a participação dos interessados nas decisões administrativas".[296]

Convém invocar recente aresto do Supremo Tribunal Federal, que, em matéria ambiental, desconstituiu decreto que houvera prescindido a realização de prévia consulta pública, exigida em lei, decisão assim ementada:

> Quando da edição do Decreto de 27.02.2001, a Lei nº 9.985/00 não havia sido regulamentada. A sua regulamentação só foi implementada em 22 de agosto de 2002, com a edição do Decreto nº 4.340/02. O processo de criação e ampliação das unidades de conservação deve ser precedido da regulamentação da lei, de estudos técnicos e de consulta pública. O parecer emitido pelo Conselho Con-

---

[295] BRUNA, Sérgio Varella. *Agências Reguladoras:* Poder Normativo, Consulta Pública, Revisão Judicial, p. 205.
[296] ARAGÃO, Alexandre Santos de. *Agências Reguladoras e a Evolução do Direito Administrativo Econômico*, p. 439.

sultivo do Parque não pode substituir a consulta exigida na lei. O Conselho não tem poderes para representar a população local. Concedida a segurança, ressalvada a possibilidade da edição de novo decreto.[297]

9.2. Audiência pública

A audiência pública tampouco é criação brasileira, verificando-se previsão no sistema britânico de planejamento urbano,[298] em que pese o instituto adquira expressão maior no direito norte-americano como *right to a fair hearing*.[299] Também no direito regulatório argentino o instituto encontra suporte, sendo definido como instrumento de garantia do direito de defesa em sentido amplo, que não se limita a constituir mero ato ou formalidade, senão que enseja a "participação útil e efetiva de prestadores, usuários e terceiros em tudo atinente ao serviço (público), sendo o principal ato preparatório da vontade (decisão) do ente regulador".[300]

Na América Latina, o instituto ganha terreno. Ainda em agosto de 2003, durante Seminário Internacional de Agências Reguladoras de Serviços de Saneamento, realizado em Lima, no Peru, pesquisa procedida com os países participantes[301] revelou a obrigatoriedade de audiências públicas em cinco (5), sendo opcional em três (3), e não aplicável em apenas dois (2).

No Brasil, o instituto da audiência pública já tinha previsão na Lei nº 8.666/93, quando se tornou obrigatória em concorrências de maior vulto (art. 39). Conquanto a lei não subordine a Administração Pública à aprovação dos presentes, é inequívoca sua serventia para emprestar maior publicidade a tais licitações. Visa a garantir o interesse público, objetivamente, razão por que sua ausência ou invalidade acarreta nulidade do próprio procedimento licitatório.[302]

---

[297] Mandado de Segurança nº 24.184-DF, Rel. Min. Ellen Gracie, Pleno, publ. em 27.02.04.
[298] SOARES, Fabiana de Menezes. *Direito Administrativo de Participação*, p. 164.
[299] FIGUEIREDO, Lúcia Valle. Instrumentos da Administração Consensual. A Audiência Pública e sua Finalidade. *In:* MOREIRA NETO, Diogo de Figueiredo (Coord.). *Uma Avaliação das Tendências Contemporâneas do Direito Administrativo*. de Rio de Janeiro – São Paulo: Renovar, 2003, p. 398.
[300] GARCIA, Jorge Sarmiento. *Concesión de Servicios Públicos*. Buenos Aires: Ciudad Argentina, 1996, p. 127.
[301] *A saber*: Bolívia, Chile, Colômbia, Costa Rica, Honduras, Nicarágua, Panamá, Paraguai, Peru e Brasil, que foi representado pela AGERGS.
[302] JUSTEN FILHO, Marçal. *Comentários à Lei de Licitações e Contratos Administrativos*. São Paulo: Dialética, 2000, p. 394.

De sua vez, a Lei nº 10.257/01 (Estatuto da Cidade) também contempla a utilização da audiência pública, adotando-a como *instrumento de garantia de gestão democrática* das cidades, constituindo-se em elemento essencial à própria elaboração do Plano Diretor (arts. 40, § 4º, I; 43, II e 44).

No plano local, merecem realce as iniciativas já empreendidas em inúmeros municípios brasileiros, implantando o chamado orçamento participativo, a essa altura já adotado, embora em estágio incipiente, no próprio Estado do Rio Grande do Sul.[303]

Tampouco se descurou do emprego da audiência pública na Lei Complementar nº 101/00 (Lei de Responsabilidade Fiscal), como *instrumento de transparência da gestão fiscal*, haja vista a norma que determina o incentivo de sua realização "durante os processos de elaboração e de discussão dos planos, lei de diretrizes orçamentárias e orçamentos" (art. 48, parágrafo único). A propósito, Juarez Freitas averba com propriedade que assim "revela-se cogente, para vários efeitos, o direito de participação popular na feitura do orçamento público.[304]

Em tema ambiental, destaque-se norma constitucional expressa, que concita à participação popular, na medida em que impõe à coletividade o dever de defender o meio ambiente e preservá-lo para as futuras gerações (art. 225, *caput*). Nessa esteira, vige a Lei nº 6.938, de 31/8/81, a qual autorizou o CONAMA – Conselho Nacional do Meio Ambiente – a determinar, sempre que necessário, a convocação de entidades privadas para atuarem, informativamente, na apreciação de estudos de impacto ambiental (art. 225, IV da CF). A matéria foi regulamentada na Resolução nº 009/87, que prevê, em tais casos, a realização de audiências públicas. O ato deverá ser precedido de edital, publicado com a larga antecedência de 45 dias (art. 2º, § 1º), realizando-se em "local acessível aos interessados" (art. 2º, § 4º). A Resolução disciplinou-lhe o procedimento, determinando sua condução pelo representante do órgão licenciador, que, "após a exposição objetiva do projeto e do seu respectivo RIMA (Relatório de Impacto Ambiental), abrirá as discussões com os interessados presentes" (art. 3º). Ao final, a autoridade competente para o licenciamento decidirá, à luz da ata da

---

[303] RUARO, Regina Linden. *Reforma Administrativa e Consolidação da Esfera Pública Brasileira:* O Caso do Orçamento Participativo no Rio Grande do Sul. Interesse Público: Notadez, 2003, v. 19, p. 95/99.
[304] *Interesse Público Especial.* Porto Alegre: Notadez, 2002, vol. especial, p. 17.

audiência, do RIMA e dos documentos que houverem sido juntados na ocasião (art. 5º).

Mais recentemente, a audiência pública mereceu referência na Lei nº 9.784/99, versando processo administrativo federal, cujo art. 32 estabelece: "Antes da tomada de decisão, a juízo da autoridade, diante da relevância da questão, poderá ser realizada audiência pública para debates sobre a matéria do processo".

A imperatividade da regra não deixa dúvida. Antes de se constituírem em mera formalidade, as audiências públicas ora se constituem em requisito de validade dos atos e normas a serem editadas, por isso mesmo, cabendo atentar à necessária publicidade, sob pena de malogro do saudável instituto.[305] De par, deve o respectivo procedimento se sustentar, ainda, nos princípios do devido processo, oralidade, informalismo, contraditório, participação, instrução, impulso de ofício e economia processual.[306]

Interessante a observância de Paulo Afonso Leme Machado, que, embora comentando, especificamente, a audiência pública no procedimento de licença ambiental, constata que "há uma dupla caminhada na audiência: o órgão presta informações ao público, e o público passa informações à Administração Pública".[307]

Tal como na consulta, o fundamento da audiência pública radica em resguardar o interesse público subjacente. Diferenciam-se, porém, os institutos. Enquanto na consulta, a opinião pública se expressa através de peças formais, escritas, que serão juntadas no processo administrativo, já na audiência pública, as manifestações se realizam por meio de debates orais, em sessão previamente designada para tal fim.[308]

É inequívoco que a audiência pública obedece a um *maior rigor formal de seu procedimento*. Diverge-se, porém, de Moreira Neto, quando vislumbra *específica eficácia vinculatória*, porquanto tal exigiria expressa previsão, na medida em que implicaria restrição ao

---

[305] ARAGÃO, Alexandre Santos de. *Agências Reguladoras e a Evolução do Direito Administrativo Econômico*, p. 440.

[306] CÍCERO, Nídia Karina. *Servicios Públicos: Control y Protección*. Buenos Aires: Ciudad Argentina, 1996, p. 102.

[307] *Direito Ambiental Brasileiro*. 5. ed. São Paulo: Malheiros, 1995.

[308] CARVALHO FILHO, José dos Santos. *Processo Administrativo Federal*. Rio de Janeiro: Lumen Juris, 2001, p. 186.

poder decisório conferido à Administração Pública. É induvidoso, contudo, que, ao menos de *modo relativo*, exerce o condicionamento sobre a autoridade, que assim fica obrigada a "motivar suficientemente uma decisão que contrarie aquele resultado".[309] (*rectius*: preconizado na audiência).

Desenganadamente, a audiência não deve ser encarada como mera formalidade, senão que "deve-se constituir no meio pelo qual decisões vão ser tomadas, depois de se dar oportunidade de efetivamente *ouvir (audire)* os interessados". Nesse passo, há de se ensejar ampla participação ao público em geral, ainda que não se vislumbre a qualidade de diretamente interessado.[310]

Com efeito, quando a lei torne obrigatória a realização de audiência pública, o instituto deve ser entendido como parte de um processo, de sorte que sua omissão, ou eventual vício, invalida o procedimento.

De plena pertinência à espécie, recente aresto do Tribunal de Justiça do Rio Grande do Sul, por seu Órgão Especial, ementa assim vazada:

AÇÃO DIRETA DE INCONSTITUCIONALIDADE – NORMA MUNICIPAL. Lei complementar municipal que altera o plano diretor do Município de Bento Gonçalves. Inconstitucionalidade formal. Ausência de participação das entidades comunitárias legalmente constituídas na definição do Plano Diretor e das diretrizes gerais de ocupação do território, bem como na elaboração e implementação dos planos, programas e projetos que lhe sejam concernentes. Violação ao § 5º do art. 177 da Carta Estadual. Precedentes do TJRS. Ação procedente.[311]

No caso, a inconstitucionalidade reconhecida decorreu de se haver elaborado o Plano Diretor sem se oportunizar a participação das entidades comunitárias, em afronta direta ao art. 177, § 5º da Constituição Estadual, que a estabeleceu como cogente.

Na Argentina, ainda há pouco tempo, tão-somente o Ente Nacional Regulador de la Eletricidad (ENRE) regulamentara o trâmite das audiências públicas, dividindo-se o procedimento em duas fases distintas. De início, tem-se a etapa preparatória, que é conduzida por um instrutor, ao qual cabe avaliar a admissibilidade dos interessados e os elementos carreados, incumbindo-lhe elaborar relatório a ser encami-

---

[309] MOREIRA NETO, Diogo Figueiredo de. *Mutações do Direito Administrativo*, p. 212.

[310] Idem, ibidem.

[311] Ação Direta de Inconstitucionalidade nº 70002576072 – Tribunal Pleno – Rel. Des. Clarindo Favretto, julg. em 05.05.2003.

nhado ao órgão diretivo da entidade, no qual resumirá o objeto da questão, referindo as partes e as provas admitidas. A seguir, ocorre a fase da audiência propriamente dita, sob a condução da diretoria ou de funcionários designados. Então, materializa-se a prova já oferecida (testemunhos, opiniões de *experts*, etc.) e o instrutor pode admitir novas provas. A todos, inclusive ao público, será permitido formular questionamentos. Ao fim, as partes poderão deduzir alegações, em face dos elementos apurados. A resolução definitiva deverá se basear nas provas, nos fatos provados e no direito aplicável.[312]

Por isso que, uma vez prevista, sua omissão acarreta a invalidade do procedimento.[313]

Nesse passo, oportuno invocar o sempre lúcido magistério de Gordillo:

> Cabe distinguir la "pública audiencia" o sesión pública para enfatizar que en la audiência pública no se trata meramente de celebrar una sesión administrativa com asistencia pasiva e muda del público, radio, televisión, periodismo, etc., sino de realizar uma audiência em la cual el público es parte interesada y activa, com derechos de naturaleza procedimental a respetar dentro de la concepción ahora expandida del debido proceso constitucional; com derecho de ofrecer, producir prueba y controlar la que se produce, alegar, etc.[314]

No Rio Grande do Sul, a AGERGS tem realizado audiências públicas regionalizadas, registrando-se seis, no período de abril de 2002 a maio de 2003,[315] sendo que, em se tratando de questões pontuais, referentes a um dado Município, justifica-se a realização de audiências públicas municipais. A propósito, registra-se caso interessante, referente à concessão de pólo rodoviário, a partir do qual os moradores do entorno de determinada cidade se mostraram desgostosos com os trabalhos da estrada realizados pela concessionária, tecnicamente incorretos, que estariam incrementando a estatística de acidentes fatais no local. A AGERGS promoveu audiência pública, envolvendo cidadãos, vereadores e representantes da concessionária, propondo solução técnica, encaminhada pelos próprios técnicos da

---

[312] CÍCERO, Nídia Karina. *Servicios Públicos: Control y Protección*, p. 102/103.
[313] FIGUEIREDO, Lúcia Valle. *Interesse Público*. Porto Alegre: Notadez, p. 18/32.
[314] *Tratado de Derecho Administrativo*. La defensa del usuário y del administrado. 4. ed. Buenos Aires: Fundación de Derecho Administrativo, 2000, t. 2, p. XI-8.
[315] FELDMAN, Maria Augusta. *Conferência prestada em Curso de Pós-Graduação do Tribunal de Contas da União*, em Brasília, em agosto de 2003.

agência, que solucionou o impasse, satisfazendo todos os interessados.[316]

No caso da AGERGS, observa-se, ainda, a celebração de audiências públicas, especificamente, com vistas à definição de tarifas. Nesse caso, antes da deliberação, que compete ao Conselho Superior, disponibiliza-se às partes interessadas o parecer exarado pela área técnica da agência, ensejando-se que essas exponham suas razões verbais, externando críticas e/ou considerações acerca da matéria.

9.3. Os procedimentos de participação popular na ANATEL

No âmbito da ANATEL, a lei prescreveu a cogente realização de *consulta pública* prévia a atos relevantes, em especial, os de natureza normativa.

Observe-se que compete à Agência, por exemplo, propor ao Presidente da República a aprovação do plano geral de outorgas de serviço prestado no regime público, bem assim a aprovação do plano geral de metas com vistas a sua progressiva universalização (art. 19, III combinado com o art. 18 da Lei nº 9.472/97). Por outro lado, os instrumentos de convocação de licitações de concessões serão, obrigatoriamente, submetidos à consulta pública (art. 89, II da Lei nº 9.472/97).

Aliás, o próprio modelo de reestruturação e desestatização das concessionárias, que então prestavam os serviços de telecomunicações, somente foi aprovado pelo Presidente da República após submissão à consulta pública (art. 195, *caput* da LGT).

Entretanto, o instituto viria a receber regulação específica no Regimento Interno da ANATEL, aprovado pela Resolução nº 197, de 16/12/99, que lhe atribui a finalidade de "submeter minuta de ato normativo a comentários e sugestões do público em geral, bem como documento ou assunto de interesse relevante" (art. 45, *caput*). Quanto à *forma*, os comentários e sugestões "deverão ser consolidados em documento próprio" (art. 45, § 2º).

No tocante à *audiência pública*, também foi disciplinada no aludido Regimento Interno, e se destina "a debater, oralmente, matéria de

---

[316] MIRANDA, Luiz. Participação Cidadã e Eficiência Regulatória: Brevíssima Reflexão Sobre a Experiência das Audiências Públicas da AGERGS em 2002. *In:* Marco Regulatório – *Revista da AGERGS*, n. 6: AGERGS, 2002, p. 66.

interesse geral para coletar contribuições objetivando subsidiar as decisões do Conselho Diretor" (art. 42). Inobstante sua peculiar oralidade, foi "facultado o oferecimento de documentos ou arrazoados" (art. 43, parágrafo único), de modo a assegurar precisão das contribuições, ademais se considerando a natureza técnica e óbvia complexidade das questões submetidas.

Na prática, a ANATEL optou por conciliar a utilização da consulta pública e da audiência pública no mesmo procedimento administrativo, colhendo os proveitos que cada instituto possibilita.

Nessa esteira, mercê de sua finalidade mais abrangente, quando seja o caso de promover à oitiva do público em geral, invariavelmente, a Agência determina a realização de consulta pública. Entretanto, conforme o caso, em se tratando de matéria de maior relevância, no próprio ato de instauração, reporta-se ao art. 42 do Regimento Interno, assim sinalizando que, no curso do procedimento, promoverá à audiência(s) pública(s). Em tal hipótese, esta se destinará à prestação de informações sobre a matéria submetida à consulta, ensejando a participação pessoal dos interessados, que poderão produzir contribuições de natureza verbal, sem prejuízo de sugestões e propostas documentais, na própria audiência, ou durante o prazo previsto para a consulta pública.

De acordo com o relevo, a complexidade e a repercussão da matéria, várias audiências públicas poderão ser realizadas no curso do prazo determinado na instauração da consulta, com prévio aprazamento no próprio ato de instauração.

A título de exemplo, merece invocação o caso recente em que a ANATEL instaurou as Consultas Públicas n°s 480, de 24/11/03, 493 e 494, estas, em 19/01/04, versando a regulamentação do Serviço de Comunicações Digitais. Na espécie, durante o período da consulta, foram realizadas seis audiências públicas, em várias capitais brasileiras, com o expresso objetivo de estimular a participação da sociedade, com vistas à regulamentação da matéria, observando-se que a cobertura da mídia propiciou maior publicidade e divulgação à população em geral.

9.4. Os procedimentos de participação popular na ANEEL

No contexto da ANEEL, a *consulta pública* não tem reserva na lei instituidora (Lei nº 9.427/96), tampouco foi contemplada no Decreto nº 2.335/97. É certo, porém, que tem merecido larga aplicação, mercê de introdução por meio da Resolução nº 233, de 14/07/98, que aprovou a Norma de Organização ANEEL – 001. No caso, sua realização fica dependente de deliberação da Diretoria, *com vistas à edição de atos administrativos* (art. 19, *caput*). Seu objetivo consistirá na recolha de "subsídios e informações dos agentes econômicos do setor elétrico e consumidores para o processo decisório da ANEEL, de forma a identificar e ampliar os aspectos relevantes à matéria em questão" (art. 19, parágrafo único). As manifestações "far-se-ão somente por escrito, inclusive por meio eletrônico" (art. 20, § 1º), com "duração mínima de quatro dias úteis" (art. 20, § 2º), precedida de publicação no Diário Oficial da União e em jornal de grande circulação (art. 20, § 1º).

Quanto à *audiência pública*, foi prevista no art. 4º, § 3º da Lei nº 9.427/96:

> O processo decisório que implicar afetação de direito dos agentes econômicos do setor elétrico ou dos consumidores, mediante iniciativa de projeto de lei ou, quando possível, por via administrativa, será precedido de audiência pública convocada pela ANEEL.

O instituto foi regulamentado no Decreto nº 2.335, de 06/10/97 (art. 21), que estabelece os objetivos de coletar subsídios para as decisões, propiciar a agentes e consumidores o encaminhamento de pleitos e sugestões e imprimir publicidade à ação regulatória (art. 21).

Como se verifica, no caso da ANEEL, a audiência pública não mereceu a mesma destinação abrangente verificada na ANATEL, verificando-se que sua aplicação ficou restrita às hipóteses de edição de atos normativos, enquanto se relegou a consulta pública para outras situações, que, embora relevantes, não objetivem a normatização.

Tem-se, pois, a instauração de consultas públicas ou audiências públicas, conforme o objetivo, observando procedimentos diversos. Assim, em se tratando de *consulta pública*, as manifestações dos interessados somente poderão ser feitas sob forma escrita, durante o prazo aberto, sem se cogitar da celebração de audiência pública em seu curso. Já no que diz respeito às *audiências públicas*, a ANEEL adota tratamento peculiar, em consonância com a Norma de Organização ANEEL -001, introduzida pela Resolução nº 233, de 14/07/98. Assim, as audiências públicas "poderão ser conduzidas ao vivo, com a entrada aberta aos interessados, ou em processos de intercâmbio documental, de forma a melhor satisfazer os objetivos" em questão (art. 13, § 1º).

Caberá ao ato de instauração da audiência pública definir o procedimento a ser imprimido. Caso opte pela audiência *ao vivo*, evidentemente se franqueará o pronunciamento oral dos interessados, "sendo facultado o oferecimento de documentos ou arrazoados" (art. 16, *caput*), conforme sucedeu, por exemplo, na AP nº 001/2004, em que a audiência foi aprazada para 18/02/04, ensejando a participação dos interessados e de seus representantes. Todavia, inclusive aos que não comparecessem ao ato, deferiu-se o lapso de 15/01 a 13/02/04, com vistas a contribuições escritas. Tal prática corresponde àquela comumente observada pela ANATEL, credenciando a Agência a conjugar as vantagens de ambos os institutos.

Por outro lado, quando se adote a audiência pública de *intercâmbio documental*, apenas se exige que seja permitido "o acesso a todas as contribuições apresentadas", prescindindo-se das formalidades inerentes às típicas audiências públicas, em especial, a oralidade (art. 18). Em tais casos, a audiência é instaurada por período determinado, durante o qual os interessados têm acesso a documentos e poderão apresentar, exclusivamente, contribuições "por meio de correspondências", conforme ocorreu nas APs nº 002 e 003/2004.

A prática vem demonstrando a crescente realização de audiências públicas. Assim, em 1998, foram instauradas 07; em 1999, 10; em 2000, 10; em 2001, 13; em 2002, 36 e, em 2003, 46 e, em 2004, 44.

Evidentemente, o escopo das audiências públicas é suscitar a participação da totalidade dos interessados na prestação do serviço, aí compreendidos os próprios delegatários e os usuários.

Há de se reconhecer, todavia, que a natural complexidade técnica de certas questões a serem regulamentadas não atrai o interesse dos consumidores, de sorte que as contribuições ficam restritas àquelas encaminhadas pelas prestadoras, que, por óbvio, priorizam os seus próprios interesses.

Em tais audiências, ainda que em reduzida freqüência, acorrem empresas de consultoria técnica e profissionais (em geral, da área de engenharia), que atuam em torno das prestadoras, de modo que sua participação está longe de caracterizar participação do usuário.

Por outro lado, tem-se convocado audiências públicas para o recolhimento de sugestões acerca de matérias que, embora sua natureza técnica, atinem com a própria remuneração das prestadoras, assim repercutindo, diretamente, no interesse (leia-se: *bolso*) do usuário. É o típico e emblemático caso da Audiência Pública nº 023/02, cujo objeto era "Obter subsídios e informações adicionais para o aprimoramento da metodologia a ser adotada pela ANEEL para cálculo do Fator X na revisão tarifária das concessionárias de distribuição de energia elétrica". Certamente, desbordaria da proposta do presente estudo um exame meticuloso do que signifique o Fator X. A grosso modo, porém, pode ser dito que se constitui no índice a ser definido pela ANEEL, por ocasião das revisões tarifárias ordinárias. Em interessante estudo acerca da matéria, Pulino assegura que "A maior margem para a discricionariedade do órgão regulador no processo de determinação de tarifas encontra-se na definição do Fator X".[317] A importância da temática era óbvia. Entretanto, constata-se, para profunda decepção, que, entre nove contribuições apresentadas, nenhuma (!!!) foi encaminhada por usuário ou entidade identificada com a defesa de seus interesses.

O mais desconcertante é que, ainda no ano seguinte, foi convocada nova audiência pública, então sob nº 043/03, a qual tinha por objeto o mesmo assunto, visando, então, à *consolidação da metodologia a ser aplicada para o cálculo do Fator X*. Desta feita, o afluxo de expositores, participantes e contribuições foi significativo. De novo, porém, foi desprezível a presença pessoas ou entidades preocupadas com a questão, sob o ângulo do consumidor.

Nessa toada, tampouco repercutiu em efetiva participação popular a Audiência Pública nº 011/02, embora a inequívoca importância da temática em discussão. O ato público fora convocado para a coleta de subsídios com vistas ao estabelecimento de critérios para a aplicação de recursos em Programa de Eficiência Energética. Ainda assim, houve onze contribuições, sendo que nenhuma originária da classe dos consumidores.

Mais adiante, instaurou-se a Audiência Pública nº 13/02, destinada a subsidiar a elaboração de ato regulamentar com vistas ao reajuste das tarifas de uso dos sistemas de distribuição de energia elétrica. A relevância da matéria era evidente. Todavia, entre vinte participantes, apenas um pertencia à categoria dos consumidores. Por outro lado, a totalidade dos expositores (onze) representava os interesses de prestadoras.

---

317 PULINO, Marcos Vinicius. Equilíbrio Econômico-Financeiro dos Contratos de Concessão para Prestação do Serviço Público de Distribuição de Energia Elétrica. *In*: ROCHA, Bolívar Moura (Org.). *A Regulação da Infra-estrutura no Brasil – Balanço e Propostas*. São Paulo: IOB – Thomson, 2003, p. 157.

Também se demonstrou pífia a participação popular na Audiência Pública nº 032/02, apesar dos candentes interesses em jogo. Tratava-se, então, de obter subsídios para estabelecer metodologia de cálculo das perdas de receitas das distribuidoras de energia, decorrentes dos novos critérios de classificação das unidades consumidoras na Subclasse Residencial Baixa Renda. Inobstante o gritante interesse público da matéria submetida, verificou-se decepcionante participação popular, materializada em única contribuição de usuário.

Impressiona – e mal! – que os próprios entes públicos diretamente interessados já negligenciaram na participação em audiências públicas relevantes ao interesse público. No caso, rememore-se a Audiência Pública nº 07/98, convocada para a coleta de subsídios e informações para o aprimoramento do ato regulamentar dos interesses nacionais de eficientização dos sistemas de iluminação pública. A preponderância da matéria era notória, em especial, se considerado o inequívoco interesse local. Entretanto, lastimavelmente, o *quorum* se limitou a 17 representantes de prestadoras, não se registrando a presença de um só representante municipal! Provavelmente, tal denotava as agruras que viriam a afligir o custeio de tal serviço, redundando, inclusive, na introdução da Emenda Constitucional nº 39/02.

O exame até então vertido poderia induzir a equívoco sobre os efeitos potenciais da participação popular nas audiências públicas, que não devem ser subestimados. Com efeito, não faltam exemplos a demonstrá-lo, revelando que a participação do usuário pode, sim, propiciar contributos significativos ao aperfeiçoamento dos serviços de energia elétrica no país. Aliás, preocupação que recrudesce, quando se verifica que a recente mudança no Governo Federal implicou alterações nas políticas públicas do setor, perdurando discussões sobre várias questões regulatórias, que ainda carecem de solução definitiva.[318]

Veja-se que, ainda em 1998, a ANEEL convocou as Audiências Públicas nº 2 e nº 3, realizadas, respectivamente, em Xanxerê (SC) e Niterói (RJ), em face de significativo volume de reclamações quanto à qualidade dos serviços. Em ambas as situações, embora incipiente o instituto, observou-se maciça acorrência dos membros das comunidades interessadas.

---

[318] PULINO, Marcos Vinicius. Equilíbrio econômico-financeiro dos contratos de concessão para prestação do serviço público de distribuição de energia elétrica. *In* : ROCHA, Bolívar Moura (Org.). *A Regulação da Infra-estrutura no Brasil – Balanços e Propostas*. São Paulo: IOB – Thomson, 2003, p. 139.

Êxito similar verificou-se em outro quadrante do país, por ocasião da Audiência Pública nº 018/02, instaurada para auscultar a população de Porto Velho (RO), quanto à qualidade dos serviços prestados.

Já em 2004, em face de audiências públicas convocadas para fim idêntico, compareceram 188 pessoas em Aracaju (Audiência Pública nº 034/04) e 211, em Belo Horizonte (Audiência Pública nº 037/04).

Neste mesmo ano, foram instauradas 16 audiências públicas em todo o território nacional, visando a "obter subsídios e informações adicionais para o aprimoramento de ato regulamentar a ser expedido pela ANEEL, que estabelece a 'Revisão Tarifária Periódica'" de concessionárias de energia elétrica.

Em quase todas, o afluxo de usuários foi entusiasmante, consignando-se, a título de exemplos, que, em Curitiba, compareceram 145 pessoas, em Porto Alegre, 187 e, em Brasília, 244. Mas, nem sempre houve o que festejar, haja vista a Audiência Pública nº 018/04, convocada para Palmas, capital de Tocantins, onde, embora diante de 86 participantes, apenas duas pessoas se inscreveram para falar, provocando o desapontamento do próprio Diretor-Geral da ANEEL.[319]

9.5. Um déficit de participação

Em que pese a extraordinária valorização que lhe tem emprestado o ordenamento jurídico pátrio, não padece dúvida que a participação popular deve ser estimulada. O Poder Público não pode perder de vista que, uma vez prevista em lei, a audiência pública deve ser convocada, obrigatoriamente, constituindo-se, pois, em ato vinculado. Por isso, sob pena de malogro do instituto, incumbe-lhe criar condições favoráveis ao seu êxito.

Assim, quando cabível a convocação, por exemplo, o ato deverá se realizar na localidade mais conveniente ao comparecimento dos interessados, observando-se prazo razoável de antecedência. No âmbito legislativo, embora singela, teria evidente alcance prático a criação de regra legal que, entre as causas de falta justificada ao trabalho, incluísse o comparecimento à audiência pública.

---

[319] ABDO, José Mário Miranda. Eletricidade – A Experiência e os Desafios da ANEEL. *In*: Anais do Seminário: As Agências Reguladoras. ESMAF – Escola de Magistratura Federal da 1ª Região e MEMORY – Centro de Memória Jurídica, 2004, p. 163.

Em favor do próprio incentivo à participação, conviria que as agências reguladoras priorizassem a divulgação de resultados, disponibilizando a cada participante informações acerca do destino dado a sua contribuição. Embora se reconheça a carência de recursos humanos e a multiplicidade de procedimentos, tal se constitui em contrapartida obrigatória, com vistas à qualificação do processo participativo.

Sobretudo, o Estado há de ter presente a natural tendência do cidadão em se subtrair à participação, tendo em vista que tal impõe ônus que a maioria não está disposta a suportar. Assim, no mínimo, haverá dispêndio de tempo, implicando o afastamento de suas atividades diárias, sem a garantia de qualquer contrapartida.

Trata-se da questão dos *custos da oportunidade da participação*, enfrentada com proficiência por Leonardo Valles Bento:

> Os indivíduos não têm necessariamente estímulos para exercer a participação social, podendo, aliás, terem boas razões para não participar, eis que o exercício da participação, como na cooperação voluntária ou na co-administração de serviços públicos, significa deixar de exercer alguma atividade que poderia lhe render algum benefício pessoal. Uma perspectiva enfoca o contexto institucional em que se dá a participação. Se a participação implica necessariamente um custo, que se traduz em preterir momentaneamente os interesses e problemas individuais a fim de se preocupar com os assuntos da coletividade, faz-se mister que o participante tenha alguma garantia de que sua participação produzirá resultados.[320]

À luz de tal premissa, pode-se reconhecer que, a partir de 2004, a ANEEL imprimiu orientação salutar, no sentido de instaurar audiências públicas efetivamente destinadas a provocar a participação dos usuários, pessoas físicas ou jurídicas.

Quer com vistas à coleta de elementos para propiciar revisões tarifárias, quer, simplesmente, pretendendo auscultar os consumidores acerca da qualidade dos serviços, o elevado percentual de audiências públicas (cerca de 40% do total realizado) oportunizou o crescente afluxo de interessados.

Acerca da espécie, calha referir os comentários de Lessa Mattos, diante de pesquisa empírica (mas, de qualquer modo, ilustrativa!) de audiências públicas produzidas pela ANATEL, no período 1997-2000. Embora destaque o considerável incremento da participação pública, o

---

[320] BENTO, Leonardo Valles. Governança e Governabilidade na Reforma do Estado: Entre Eficiência e Democratização. Barueri, SP: Manole, 2003, p. 227.

autor enfatiza a absoluta prevalência de "grupos representantes do segmento específico de telecomunicações", aduzindo que, mesmo as contribuições de "consultores e advogados" veiculam interesses das prestadoras.[321]

Idêntica observação se colhe, quando examinadas as participações nas audiências públicas promovidas pela ANEEL.

Constatação alarmante (aliás, comum a ambas agências reguladoras!), diz com a apatia de extensos segmentos da sociedade brasileira, no tocante a determinadas matérias. Trata-se das questões de complexidade técnica, cuja regulamentação assim fica resumida à proposta original do ato, formulada pela agência, e às contribuições vertidas pelas concessionárias.

Não há negar que, dominando a tecnologia e o *know-how*, naturalmente, as prestadoras detêm elementos que as habilitam a contribuir para o aperfeiçoamento da regulamentação. Por óbvio, porém, fazem-no de acordo com seus interesses. Enquanto isso, mercê da irrisória participação social, estabelece-se contexto de desequilíbrio, dando causa a critérios discutíveis, como sucede no art. 73 da Resolução nº 456 da ANEEL.

Por certo, justifica-se o desinteresse do homem médio, tendo em vista a inacessibilidade a certas matérias, que requerem especialização. Preocupa, porém, o alheamento de setores que poderiam conceder aportes qualificados, sob a ótica dos usuários, já que absolutamente descomprometidos com as prestadoras.

É o caso, por exemplo, dos conselhos profissionais, como o CREA, observando-se que as escassas contribuições técnicas provêm de profissionais em nome próprio. A própria Ordem dos Advogados do Brasil parece não haver percebido a importância do momento. Ressalvadas isoladas colaborações, a instituição segue alheia ao processo de regulamentação de setores tão relevantes, o que, última análise, posterga o exame de questões cruciais ao controle judicial, quando se poderia evitar litígios com regras respeitosas aos direitos dos consumidores.

Tampouco se tem notícia de contribuições da comunidade científica, de universidades, de sindicatos ou de organizações não-governa-

---

[321] MATTOS, Paulo Todescan Lessa. Agências Reguladoras e Democracia: Participação Pública e Desenvolvimento. *In*: SALOMÃO FILHO, Calixto (Org.). *Regulação e Desenvolvimento*. São Paulo: Malheiros, 2002, p. 83.

mentais. Sequer os Procons ou entidades associativas têm assumido responsabilidade no processo, omissão tanto mais grave, quando se sabe que a regulamentação se encontra em fase incipiente, carecendo dos mínimos contributos com vistas a uma formulação que considere os direitos básicos do consumidor.

Os próprios partidos políticos inserem-se nesse clima de deplorável inércia, compartilhada por uma mídia refém das rendosas contas publicitárias proporcionadas, especialmente, pelas concessionárias de telecomunicações.

Nesse contexto, emerge a inafastável conclusão de que estamos diante de um déficit de participação social que urge suprir, sob pena de se relegar o princípio ao nível de mera abstração, ademais se sobrecarregando o Judiciário com avalancha de demandas, que brotam a partir de regulamentação de discutível legitimidade.

Parte IV
O CONTROLE SOBRE AS AGÊNCIAS

1. Introdução

O reconhecimento da autonomia das agências reguladoras, por óbvio, não exclui os mecanismos de controle, que devem atuar sobre suas atividades. Aliás, cuida-se de complexo sistema, que se define a partir do próprio modelo legal, no qual se estabelece as relações da agência com o Poder Executivo, que podem variar, significativamente. Desde então, repercutem outras funções de controle exercidas pelo Poder Legislativo, pelo Tribunal de Contas, pelo Ministério Público, pelo Poder Judiciário. Em paralelo, opera-se intenso – e crescente ! – controle social, mercê de institutos prestigiados na legislação específica, no sentido de incentivar a concorrência dos usuários na própria gestão dos entes reguladores.

2. Controle pelo Poder Executivo

Por certo, não há como recusar que as agências reguladoras se incluem na administração indireta, assim inseridas no âmbito do Poder Executivo, sem embargo da extensão da autonomia que lhes seja conferida pelas respectivas leis de regência.

No plano ideal, é inegável, como já se sustentou, a superioridade do modelo que permita à agência se livrar dos riscos de captura, a principiar por aqueles de natureza política. Em nosso ordenamento, ocorrem situações bem diferenciadas, no tangente às agências reguladoras de serviços públicos. Assim, por exemplo, à ANATEL se atribuiu autonomia efetiva, no plano administrativo, tanto que lhe cabe "decidir em último grau sobre as matérias de sua alçada" (art. 19, XXV da Lei nº 9.472/97). Já no tocante à ANEEL, além de inexistir regra similar, sua lei específica impõe a celebração de contrato de gestão entre sua Diretoria e o Poder Executivo (art. 7º da Lei nº 9.427/96), de sorte a instaurar os liames de vinculação administrativa de feição análoga às autarquias "tradicionais".

Entretanto, mesmo no caso da ANATEL, não se pode pretender efetiva autonomia, visto que, tal como a ANEEL, embora conte com a arrecadação de taxas de fiscalização, depende de recursos orçamentários, implicando, por essa via, indesejável dependência.

Em ambas as agências, conquanto disponham de mandato certo, seus dirigentes são nomeados por indicação do Presidente da República, o qual, ainda que restrito às hipóteses legais (art. 9º da Lei nº 9.986/00), é naturalmente legitimado para exonerá-los.

3. Controle pelo Poder Legislativo

Inobstante se constitua em órgão legislativo, por certo, a competência do Congresso Nacional não está limitada à elaboração de leis. Alexandre de Moraes averba que as "funções típicas do Poder Legislativo são *legislar* e *fiscalizar*, tendo ambas o mesmo grau de importância", tanto que, se a Constituição prevê processo legislativo para a elaboração de normas jurídicas, é certo que também lhe defere competência para a fiscalização contábil, financeira, orçamentária, operacional e patrimonial do Poder Executivo (art. 70, *caput* da CF).[322]

Assim, a criação, alteração e extinção de agências reguladoras, dependentes de lei, de iniciativa privativa do Presidente da República (art. 61, § 1º, II, *b* da CF), obviamente, implicam a atuação do Poder Legislativo. No tocante à administração, o controle se concretiza, ao menos, em duas situações cruciais: quanto à *investidura* de seus dirigentes, visto que, mercê de norma constitucional, cabe ao Senado Federal aprovar sua escolha, por voto secreto, após argüição pública (art. 52, III, *f*), e quanto à respectiva *lei orçamentária*, que, à evidência, submete-se à aprovação do Poder Legislativo.

De par, não se perca de vista a competência exclusiva do Congresso Nacional, ao qual incumbe "fiscalizar e controlar, diretamente,

---
[322] *Direito Constitucional*. 11. ed. São Paulo: Atlas, 2002, p. 375.

ou por qualquer de suas Casas, os atos do Poder Executivo, inclusive os da administração indireta" (art. 49, X da CF).

Hoje em dia, ainda se oportuniza acesso do Congresso Nacional aos relatórios emitidos pelo Ouvidor da ANATEL (art. 45, § 1º da Lei nº 9.472/97), prática que se ampliará às demais agências reguladoras, caso se converta em lei o Anteprojeto de que se tem notícia (art. 15, § 2º).

4. Controle pelo Tribunal de Contas

A Constituição Federal de 1988 deferiu ao Tribunal de Contas da União relevância sem precedente na história constitucional brasileira. Ainda que esteja previsto no capítulo referente ao Poder Legislativo, ao qual presta *auxílio* (art. 71, *caput*), nem por isso se lhe atribui caráter de subordinação. Ao reverso, lhe é reconhecida autonomia para o desempenho de competências inerentes à efetiva fiscalização contábil, financeira, orçamentária, operacional e patrimonial da União e das entidades da administração direta e indireta (art. 70, *caput*).

Em face de sua natureza autárquica, sem prejuízo da autonomia, as agências reguladoras não se subtraem às funções de controle inerentes à competência do Tribunal de Contas.

Recorde-se que incumbe ao Tribunal de Contas da União o exercício do chamado controle externo, de natureza administrativa, o qual, por evidente, não exclui o controle jurisdicional (art. 5º, XXXV da CF).

O art. 71 da Constituição Federal elenca as atribuições afetas à Corte de Contas, merecendo destaque o julgamento das contas dos administradores das agências reguladoras, como os de qualquer autarquia (art. 71, II). Em caso de ilegalidade de despesa ou irregularidade de contas, poderá, inclusive, resultar a aplicação de multa aos responsáveis (art. 71, VIII), passível de execução forçada, posto que a decisão do Tribunal de Contas tem eficácia de título executivo (art. 71, § 3º).

Por outro lado, tal como ocorre quanto aos demais entes da administração indireta, compete ao Tribunal de Contas "apreciar, para fins de registro, a legalidade dos atos de admissão de pessoal [...] bem como a das concessões de aposentadorias" (art. 71, III).

Assim adstrito o controle ao âmbito da legalidade, não se entende que possa o Tribunal de Contas imiscuir-se no conteúdo das decisões regulatórias, sustentando Barroso, corretamente, que o texto constitucional não "o autoriza a investigar o mérito das decisões administrativas de uma autarquia, menos ainda de uma autarquia com as características especiais de uma agência reguladora".[323]

5. Controle pelo Ministério Público

Em decorrência de gradual, mas significativo incremento de prestígio no ordenamento jurídico pátrio, o Ministério Público no Brasil alcançou peculiar enquadramento, culminando com a disciplina prevista na Constituição Federal de 1988. Com efeito, o Ministério Público granjeou o *status* de instituição essencial à função jurisdicional, assegurando-se-lhe autonomia financeira, orçamentária e administrativa. Quanto a seus membros, passam a ostentar as garantias de vitaliciedade, inamovibilidade e irredutibilidade de subsídios (art. 128, § 5º, I), adequadas às graves atribuições cometidas à instituição. Ademais, a Constituição Federal emprestou ao Ministério Público a qualidade de defensor da ordem jurídica, do regime democrático e dos interesses sociais e individuais indisponíveis (art. 127, *caput*).

Nessa esteira, ressai natural sua competência para a fiscalização dos serviços públicos, notoriamente informados pelo conceito de interesse público primário e social. Daí resulta a legitimidade da instituição para tal mister, valendo-se de instrumentos previstos no próprio texto constitucional, quais sejam, o inquérito civil e a ação civil pública.

Especificamente acerca de sua atuação, quanto ao tema, invoque-se o caso em que se concedeu liminar, em ação civil pública, aforada na capital do Estado do Rio de Janeiro, em face da CERJ – Companhia Estadual de Energia Elétrica do Rio de Janeiro, via da qual se obstou a concessionária de suspender o serviço com base no inadimplemento dos usuários.[324]

Em reforço, ora acresce a legitimidade concorrente do Ministério Público para a propositura da ação civil de improbidade (art. 17 da Lei

---

[323] Natureza Jurídica e Funções das Agências Reguladoras de Serviços Públicas. Limites da Fiscalização a ser Desempenhada pelo Tribunal de Contas do Estado. *In: Revista Trimestral de Direito Público*, 25/81. São Paulo: Malheiros.
[324] TJRJ, Desª Cássia Medeiros, 18ª Câmara Cível, unânime, em 18/12/1998 (Proc. nº 1998.002.06224).

nº 8.429/92), em hipóteses de ilícito enriquecimento, prejuízo ao erário ou violação de princípios aplicáveis à Administração Pública.

Ademais, aduza-se a tradicional titularidade assegurada no próprio Texto Fundamental, quanto à promoção privativa da ação penal pública (art. 129, I).

Em derradeiro, refira-se a especial atuação do Ministério Público Federal, consoante a Lei nº 8.884/94 (Lei Antitruste), no âmbito do CADE, seja na seara administrativa, seja na promoção da "execução dos seus julgados ou do compromisso de cessação", bem assim na adoção de medidas judiciais (art. 12 e parágrafo único).

Diante do contexto, forçoso concordar com Márcio Souza Guimarães, quando vislumbra no Ministério Público o caráter de verdadeiro *ombudsman*, instituição que cada vez mais se insere no cenário nacional como responsável pela moralização e transparência da atuação dos administradores públicos.[325]

6. Controle pelo Poder Judiciário

De início, forçoso concordar com Aragão, quando observa que, vigendo em nosso ordenamento o princípio da unidade de jurisdição (art. 5º, XXXV da CF), as agências reguladoras não poderão se subtrair ao controle judicial.[326]

A questão crucial reside em se apurar a extensão de tal controle; se estará restrito aos lindes da legalidade ou se, ao reverso, poderá abarcar o próprio mérito dos atos praticados pelos entes reguladores.

Em que pese não se oponha ao entendimento clássico de que seja defeso ao Judiciário o controle de mérito dos atos administrativos, Barroso sustenta que tal ora comporta temperamentos, porquanto se tem admitido a anulação em face da inobservância de princípios, como é o caso da razoabilidade, moralidade e eficiência. Assim, complemen-

---

[325] Ministério Público, Ombudsman e Ouvidor na Fiscalização dos Serviços Públicos. *In: Direito Empresarial Público.* Rio de Janeiro: Lumens Juris, 2002, p. 803.
[326] ARAGÃO, Alexandre Santos de. *Agências Reguladoras e a Evolução do Direito Administrativo Econômico,* p. 350.

ta, não há como recusar exame de mérito, quando viável a verificação da "adequação entre meio e fim, necessário e proporcional".[327]

Por certo, cabe recordar posição sustentada por alguns, como Tojal, por exemplo, favorável ao alargamento do controle jurisdicional, que deveria incidir sobre a atividade-fim das agências.[328]

Concorda-se com os eminentes mestres, mas apenas em parte. Por certo, a sistemática pátria não autoriza se subtraia ao Judiciário o controle de atos da Administração, admitindo-se sua desconstituição por vulneração dos aludidos princípios. Obtempera-se, porém, que tal não induz controle de mérito, eis que, de rigor, tais princípios estão compreendidos no próprio conceito de legalidade, cuja apreciação pelo Judiciário não encontra qualquer óbice.

A propósito, colhe o magistério de Lúcia Valle Figueiredo, para quem "o princípio da legalidade é bem mais amplo do que a mera sujeição do administrador à lei, pois obriga, necessariamente, a submissão também ao Direito, ao ordenamento jurídico, às normas e princípios constitucionais".[329]

No mesmo diapasão, o esclarecedor magistério de Juarez Freitas: "o agente público deve observância à lei e ao Direito, entendido como um sistema, isto é, totalidade de princípios, logicamente transcendentes em relação a um de seus integrantes, o princípio da legalidade estrita".[330]

De acordo com Pazzaglini, a

> legalidade, portanto, deve ser compreendida no contexto do sistema normativo e sempre associada aos demais princípios constitucionais que regem a atuação da Administração Pública, tais como: a moralidade administrativa; a isonomia e impessoalidade da Administração; a supremacia do interesse público; a razoabilidade e proporcionalidade da atuação administrativa; a eficiência da gestão administrativa etc.[331]

À guisa de conclusão, pois, o controle exercido pelo Poder Judiciário sobre as agências reguladoras se efetua nos limites da legalidade e não ingressa no mérito.

---

[327] BARROSO, Luís Roberto. Apontamentos Sobre as Agências Reguladoras, p. 127, *In:* MORAES, Alexandre de (org.). *Agências Reguladoras*.
[328] TOJAL, Sebastião Botto de Barros. Controle Judicial da Atividade Normativa das Agências Reguladoras. *In:* MORAES, Alexandre de. Op. cit., p. 168.
[329] *Curso de Direito Administrativo*. 3. ed. São Paulo: Malheiros, 1998, p. 150.
[330] *Estudos de Direito Administrativo*. 2. ed. São Paulo: Malheiros, 1997, p. 150.
[331] *Improbidade Administrativa*. 3. ed. São Paulo: Atlas, 1998, p. 20.

Na esteira do entendimento de Aragão,

O Poder Judiciário acaba, portanto, não tendo grande ingerência material nas decisões das agências, limitando-se, na maioria das vezes, como imposição do Estado de Direito, aos aspectos procedimentais assecuratórios do devido processo legal, e da participação dos direta ou indiretamente interessados no objeto da regulação, e à manutenção da razoabilidade/proporcionalidade das decisões da agência reguladora.[332]

Aliás, orientação compartilhada por Villela Souto, para quem, vigente o princípio da separação de poderes, resulta vedado ao Judiciário interferir em juízos privativos da entidade legalmente competente para fiscalização e regulação dos setores da economia, mormente em se tratando de entidades dotadas de autonomia administrativa, técnica e financeira.[333]

7. Controle social

Consoante já se destacou à saciedade, a participação popular é decisiva na legitimação democrática das agências reguladoras, mercê do relevo que a legislação lhe empresta no processo de tomada de decisões.

Modo eloqüente, Justen Filho comenta que "tanto mais satisfatório será o resultado da atuação das agências quanto maior for a institucionalização dos representantes da sociedade civil".[334]

Com efeito, se a legitimidade da atividade regulatória resulta da ponderação entre os diferentes interesses em tensão, conclui-se "obrigatória a manifestação do controle social pela via da participação".[335]

Ora já não conta o cidadão apenas com o direito de petição e de obter certidões em face do Poder Público (art. 5º, XXXIV, "a" e "b" da CF). Mercê do advento da Emenda Constitucional nº 19/98, inovou-se o art. 37, § 3º, que contempla, por expresso, a participação do usuário na administração direta e indireta. Ainda que algo rebarbati-

---

[332] ARAGÃO, Alexandre Santos de. *Agências Reguladoras e a Evolução do Direito Administrativo Econômico*, p. 351.
[333] SOUTO, Marcos Juruena Villela. *Direito Administrativo Regulatório*. Rio de Janeiro: Lumen Juris, 2002, p. 371.
[334] JUSTEN FILHO, Marçal. *O Direito das Agências Reguladoras Independentes*, p. 585.
[335] SOUTO, Marcos Juruena Villela. *Direito Administrativo Regulatório*, p. 346.

vos, eis que corolários dos já assegurados, por certo o novel dispositivo ratifica sua extensão às descentralizadas.

Por evidente, a participação popular não deve ser restrita às tomadas de decisão, senão que deve perdurar, estruturando-se "sistemas que permitam aos diversos segmentos da sociedade acompanhar a regularidade da gestão e a satisfatoriedade da atuação das agências".[336]

Cabe relembrar o art. 3º da Lei nº 8.987/95, que, ao dispor acerca da fiscalização da prestação dos serviços públicos concedidos ou permitidos, a ser realizada pelo poder concedente, deverá contar com a *cooperação dos usuários*. Em acréscimo, o art. 30 reza que, de acordo com norma regulamentar, a fiscalização deverá se dar por uma comissão, "composta por representantes do poder concedente, da concessionária e dos usuários".

Já há muito tempo Juarez Freitas advertia que

> convém ampliar a possibilidade de uma participação intensa do usuário na prática fiscalizatória, fazendo-o vivificar, por exemplo, regra similar à prevista no art. 22, do CDC, consoante o qual a Administração Pública direta e indireta, bem como os delegados da execução de tais serviços [...] são obrigados a fornecer serviços adequados, eficientes, seguros e, quanto aos essenciais, contínuos.[337]

Hoje em dia, o consumidor é chamado a avaliar o desempenho das agências, haja vista levantamento efetuado pelo Instituto de Defesa do Consumidor (Idec). Na oportunidade, a título de ilustração, entre sete órgãos e agências reguladoras analisadas, a ANEEL obteve o melhor resultado (nota 5,8). Os critérios considerados (em número de quarenta), foram divididos em cinco grupos: participação dos consumidores nos conselhos, transparência dos atos e decisões, acesso à informação e regulados da ação, divulgação e contato para consumidores e efetividade da atuação.[338]

Evidentemente, despontam as consultas públicas e as audiências públicas como os instrumentos típicos do controle social a ser exercido sobre a atuação das agências reguladoras. A essa altura, porém, cabe considerar outros institutos, que têm sido desenvolvidos com o escopo de otimizar o controle social, quais sejam: (a) as ouvidorias; (b) os convênios e (c) os órgãos institucionais de defesa dos consumidores.

---

[336] JUSTEN FILHO, Marçal. *O Direito das Agências Reguladoras Independentes*, p. 585.

[337] *Agência Nacional dos Transportes Aquaviários* – Princípio da Segurança Jurídica. Interesse Público. Porto Alegre: Notadez, 2003, v. 20, p. 158.

[338] *Valor*, ed. de 12/3/2003, p. A5.

7.1. Ouvidorias

Impende registrar que a Lei nº 9.427/96, a qual instituiu a ANEEL, previu a figura do *ouvidor*, com as atribuições de "receber, apurar e solucionar as reclamações dos usuários", misteres a serem exercidos por um dos diretores da autarquia (art. 4º, § 1º). A propósito, o instituto foi objeto de regulamentação no Decreto nº 2.335, de 6/10/97, que lhe confere "a responsabilidade final pela cobrança da correta aplicação de medidas pelos agentes no atendimento às reclamações" (art. 8º § 1º).

No caso da ANATEL (Lei nº 9.472/97), consta expresso dispositivo, prevendo a instituição de *Ouvidoria* (art. 8º, § 1º), cujo titular "será nomeado pelo Presidente da República para mandato de dois anos, permitida uma recondução" (art. 45, *caput*). Caber-lhe-á "produzir, semestralmente ou quando oportuno, apreciações críticas sobre a atuação da agência", encaminhando-as aos órgãos diretivos das próprias entidade, do Poder Executivo e do Congresso Nacional (art. 45, parágrafo único), incumbindo-lhe adotar os procedimentos necessários (art. 123 da Resol. Nº 197 da ANATEL).

No âmbito da AGERGS, prevê-se a disponibilização de Ouvidoria (art. 14, § 2º da Lei nº 10.931/97), remetendo-se sua regulamentação ao Regimento Interno (arts. 13 e 27 do Decreto nº 39.061, de 27/11/98).

O já mencionado Anteprojeto de lei federal também pretende inovar, com relação ao Ouvidor, estabelecendo que deverá ser introduzido em todas as agências reguladoras, com atuação "junto à Diretoria Colegiada ou Conselho Diretor da respectiva Agência Reguladora sem subordinação hierárquica e exercerá as suas atribuições sem acumulação com outras funções" (art. 14). Será nomeado pelo Presidente da República "para mandato de dois anos, admitida uma recondução" (art. 15). Funcionará, pois, em idênticos moldes ao ora vigente na ANATEL, inclusive no encaminhamento das apreciações críticas aos Ministros de Estado da Fazenda, do Planejamento, Orçamento e Gestão e Chefe da Casa Civil, bem assim às Comissões de Fiscalização e Controle da Câmara dos Deputados e do Senado Federal (art. 15, § 2º).

7.2. Convênios

De acordo com o Decreto nº 2.335/97, a ANEEL tem a prerrogativa de descentralizar "suas atribuições, mediante delegação, aos Estados e ao Distrito Federal, de atividades complementares de regulação, controle e fiscalização dos serviços e instalações de energia elétrica" (art. 19).

A faculdade conferida à agência está plenamente justificada, tendo em vista que lhe foi conferida uma formidável gama de competências, cuja execução se afigura de extrema dificuldade, considerando-se sua incipiência e natural deficiência de recursos. É óbvio, porém, que tal "descentralização só é possível na medida em que o estado delegado tenha condições técnicas de arcar com as responsabilidades advindas da atividade reguladora do setor elétrico".[339]

Até o final de 2004, a ANEEL havia celebrado 13 convênios com agências reguladoras estaduais, que propiciam a concretização do objetivo primacial visado no Decreto n° 2.335/97, qual seja o de "aproximar a ação reguladora dos agentes, consumidores e demais envolvidos no setor de energia elétrica" (art. 19, I).

Assim, tomando-se como exemplo algumas competências delegadas à AGERGS, em consonância com o Extrato de Convênio n° 008/98, verifica-se a "Descentralização de atividades complementares da ANEEL à AGERGS relativa à fiscalização de serviços e instalações de energia elétrica; formulação de padrões regionais de qualidade de serviços de energia elétrica; apuração e solução de queixas de consumidores e dos agentes setoriais; estímulo à organização e operacionalização dos conselhos de consumidores".

Sem dúvida, a vigência de tais convênios facilita o acesso do usuário, que assim pode reclamar, peticionar, sugerir perante um órgão localizado em seu próprio Estado, ao qual, mercê de cláusula do próprio convênio, inclusive são carreados recursos pela ANEEL, vinculados à Taxa de Fiscalização de Serviços de Energia Elétrica.

7.3. Órgãos institucionais de defesa dos consumidores

Acerca do controle social sobre a atuação das agências reguladoras, percebe-se irreversível tendência, no sentido do reconhecimento de associações de usuários. Em conclave promovido em Lima, no Peru, verificou-se que, entre os dez (10) países participantes, em seis (6) há previsão legal para sua existência, sendo que, na Colômbia, tais associações têm acesso assegurado aos meios de comunicação.

---

[339] FERREIRA NETO, Arthur e outros, p. 170.

No caso brasileiro, não é diferente, cabendo assinalar a iniciativa da ANEEL, que, por meio da Resolução nº 138, de 10/05/00, instituiu os Conselhos de Consumidores de Energia Elétrica, assim atendendo a determinação do art. 29, XII da Lei nº 8.987/95. Consoante a Resolução, incumbirá às concessionárias ou permissionárias de serviços públicos de distribuição de energia elétrica a criação dos Conselhos de Consumidores, "de caráter consultivo, voltado para a orientação, análise e avaliação das questões ligadas ao fornecimento, as tarifas e à adequação dos serviços prestados ao consumidor final" (art. 2º). Em sua composição, obrigatoriamente, constarão um representante titular e um, suplente, das classes de consumidores residenciais, comercial, industrial, rural e poder público (art. 2º, § 1º). Ainda, o Conselho deverá ser integrado por um membro titular e um suplente de entidade encarregadas da proteção e defesa do consumidor, PROCON ou Ministério Público (art. 2º, § 4º).

Entre suas atribuições, incluem-se, principalmente, propor soluções para os conflitos instaurados entre consumidores e concessionários ou permissionários (art. 5º, III), propor alternativas com vistas ao aperfeiçoamento dos serviços (art. 5º, V) e cooperar com a ANEEL para a solução dos impasses surgidos entre o Conselho e a concessionária ou permissionária (art. 5º, VII). Compete ao Conselho, além disso, apresentar projetos especiais, voltados para converter o dinheiro arrecadado com multas em benefícios para o consumidor.

No caso da ANATEL, foi criado o Comitê de Defesa dos Usuários de Serviços de Telecomunicações, por meio da Resolução nº 107, de 26/02/99, ao qual compete "assessorar e subsidiar o Conselho Diretor da Anatel no exercício de suas competências legais em matéria de defesa e proteção dos direitos dos usuários de serviços de telecomunicações" (art. 1º). O Comitê será presidido por Conselheiro da ANATEL, sendo integrado, em caráter efetivo, por seis integrantes do quadro da agência. Contará, ainda, com a participação de sete membros, sendo que cinco representarão os usuários, um, o PROCON e, um, as entidades de classes de prestadoras de serviços de telecomunicações (arts. 4º e 5º do Regimento Interno). Entre as atividades atribuídas, incumbirá ao Comitê propor ao Conselho Diretor da ANATEL diretrizes para a elaboração de metodologia para avaliação do grau de atendimento do setor e critérios para a avaliação de indícios de infração dos direitos dos usuários (art. 3º, II e VI do Regimento Interno), assessorar o Conselho Diretor na solução de conflitos entre agentes econômicos e usuários (art.3°, VII) e propor recomendações quanto ao estabelecimento de restrições, limites ou condições a prestadoras, de modo a preservar os interesses dos usuários (art. 3°, XV).

Merece especial destaque a iniciativa empreendida no Estado do Rio Grande do Sul, que instituiu o Código Estadual de Qualidade dos Serviços Públicos (Lei n° 11.075, de 6/1/98), com vistas a "balizar e avaliar a qualidade dos serviços de natureza pública e bens de uso comum do povo, buscando a adequação ao uso e satisfação dos consumidores", por exemplo, nas áreas de energia elétrica, água e esgotos, telecomunicações e transportes (art. 2°).

Em decorrência, estruturou-se o Cadastro de Usuários Voluntários, constituído por cidadãos dispostos a auxiliar, de forma voluntária e gratuita, a AGERGS, no sentido da qualificação dos serviços públicos e da fiscalização dos valores tarifários praticados. O Cadastro propriamente dito teve início em 10/9/98, quando se celebrou a audiência pública, destinada a convidar a população do Estado do Rio Grande do Sul para se integrar no processo. Ainda recentemente, contabilizou-se 4.484 cidadãos cadastrados, com domicílio em quase todas as cidades gaúchas, nas diferentes áreas de atuação da Agência.

Em audiência pública celebrada em 15/12/00, foram revelados os dados apurados na 3ª Pesquisa sobre o Grau de Satisfação dos Usuários Voluntários, quanto aos serviços públicos delegados, inclusive na área de energia elétrica, mercê de convênio firmado com a ANEEL.[340]

A participação dos cadastrados se tem demonstrado extremamente positiva. Ainda em novembro de 2002, realizou-se pesquisa de opinião, quando, distribuídos quase treze mil questionários aos Usuários Voluntários, mais de 30% retornaram, devidamente respondidos. Na ocasião, avaliou-se o desempenho dos serviços de energia elétrica, pólos rodoviários, estações rodoviárias, transporte intermunicipal de passageiros, transporte metropolitano e transporte hidroviário.

Em 07/08/03, a AGERGS promoveu o 1° Seminário dos Usuários Voluntários, o qual contou com a participação de cidadãos domiciliados em mais de quarenta municípios gaúchos, evidenciando receptividade à iniciativa da entidade reguladora.

No ano de 2003, foram reeditadas tais pesquisas, acrescentando-se a avaliação na área do trânsito, especificamente, no tocante à formação de condutores.

---

[340] Disponível em: www.agergs.rs.gov.br.

Conclusão

1.A regulação é atividade estatal, de natureza eminentemente controladora, consistente em conjunto de políticas públicas, que somente se legitimará com a priorização do interesse público, jamais se descurando, porém, de valorizar o princípio da dignidade da pessoa humana.

2.A regulação se originou a partir da atividade econômica, já em pleno século XX, desdobrando-se em duas fases distintas: na primeira, inovou no tratamento constitucional da matéria econômica; na segunda, enfatizou a regulação social, ante a insatisfatória distribuição de renda e a falta de acesso aos serviços públicos.

3.As agências reguladoras originaram-se nos Estados Unidos da América, cujo modelo se diferencia, essencialmente, do europeu, que foi forjado sob a influência francesa. Na América, desde a origem, os serviços públicos se localizaram nos domínios da iniciativa privada, implementando-se, gradativamente, sua regulação pelo Poder Público. Já na Europa, os serviços públicos sempre foram prestados pelo Poder Público, em regime de direito público, sobrevindo a regulação como conseqüência de sua desestatização.

4.No continente europeu, as agências reguladoras ganharam incremento a partir do processo de desnacionalização e desregulação empreendido pelo Governo Thatcher, na Inglaterra. Sua atuação não se tem restringido à regulação de setores econômicos ou de serviços públicos delegados, haja vista o que ocorre na França e na Espanha, onde as autoridades administrativas independentes se dedicam, inclusive, à proteção de direitos fundamentais.

5.Não se pode afirmar o caráter pioneiro das modernas agências reguladoras na atividade regulatória, no Brasil, porquanto as precede a criação do Conselho Monetário Nacional, do Banco Central do Brasil, da Comissão de Valores Mobiliários e do Conselho Administrativo de Defesa Econômica, dotados de tal função. As agências reguladoras de serviços públicos foram introduzidas com o advento da Reforma Administrativa do Estado (1995), juntamente com as agências executivas.

6. A atividade regulatória não se restringiu ao segmento dos serviços públicos, verificando-se, especificamente no Brasil, a criação de agências, que regulam a exploração de monopólios públicos, a exploração de bens públicos e de atividades econômicas privadas.

7. Em termos globais, a ruína do *Welfare State* acarretou mudança de papel do Estado na prestação dos serviços públicos, compelindo-o a reduzir sua atuação, mercê da insuficiência para manter os investimentos econômicos, sociais e de infraestrutura. No Brasil, a partir da Reforma Administrativa do Estado, sucessivas alterações constitucionais marcaram a redução da atuação estatal. A desestatização (notadamente em face das privatizações) assinalou mudança radical, já que o Estado deixou de ser o prestador dos serviços públicos, mas, como titular, remanesce-lhe o encargo de resguardar a qualidade dos serviços públicos.

8. Na medida em que os serviços públicos se destinam ao bem-estar geral, tem-se por assentado que sua regular prestação guarda sintonia com o princípio fundamental da dignidade da pessoa humana, por isso que, na eventual ponderação em face de outros princípios e valores, caberá ao Estado conceder-lhe a devida prioridade. Dessarte, o dever do Estado não se deve limitar a propiciar a fruição dos serviços públicos a usuários efetivos, senão que lhe incumbe ensejá-la aos usuários potenciais, implementando as políticas públicas necessárias à universalização, mormente em sociedade onde se acentua processo de exclusão social.

9. Incumbe ao Estado brasileiro, até por regra constitucional, a promoção do bem de todos (art. 3º, IV), donde decorre sua obrigação de disponibilizar os serviços públicos, irrestritamente. Daí, o seu dever de estabelecer políticas públicas que garantam o acesso de todos aos serviços públicos, de modo a superar as desigualdades sociais e combater a exclusão.

10. Entre os atributos inerentes ao "serviço adequado", inclui-se o da continuidade, que desautoriza a suspensão da prestação do serviço público ante o mero inadimplemento do usuário. Assim, inobstante a orientação do Superior Tribunal de Justiça, consolidada em sentido

oposto, não se deve ter por encerrada a discussão, máxime considerando que o próprio direito comunitário europeu reformulou a concepção de serviço público, priorizando o respeito ao consumidor, como corolário dos princípios da dignidade e da solidariedade, albergados no texto constitucional vigente.

11. Embora controversa, tem-se reconhecido a constitucionalidade das agências reguladoras no direito comparado, quer nos Estados Unidos da América, quer na Europa. Em território brasileiro, embora escassos os seus pronunciamentos, o Supremo Tribunal Federal já teve oportunidade de reconhecer a constitucionalidade do poder normativo da ANATEL (ADIn nº 1.668-DF). Por outro lado, também placitou a constitucionalidade do mandato certo de dirigentes de agências (no caso, a AGERGS), somente exoneráveis em caso de ilícitos comprovados (ADIn nº 1.949-0-RS).

12. Em face do ideal de autonomia, não convém que as agências reguladoras integrem a administração direta, exigindo personalidade jurídica própria, de direito público. No caso brasileiro, adotou-se a forma autárquica em regime especial, conferindo-se-lhes autonomia administrativa mais elástica, assegurando-se a participação do Legislativo na nomeação e exoneração de seus dirigentes, os quais terão mandato certo e incoincidente. De par, também se buscou garantir às agências a autonomia econômico-financeira, legitimando-as para a cobrança de taxas de fiscalização e regulação.

13. O contrato de gestão, a ser celebrado, obrigatoriamente, pela ANEEL com o Poder Executivo, sujeita a agência a controle direto, que, a bem de lhe preservar a autonomia, conviria desprestigiar, em vez de lhe ampliar a extensão, conforme ensaiam Anteprojetos de lei do Governo Federal, que visam a estendê-lo, inclusive, à ANATEL.

14. As agências reguladoras são dirigidas em regime de colegiado, sendo que a nomeação e exoneração de seus integrantes depende de ato complexo, de iniciativa do Chefe do Poder Executivo e apreciação do Senado Federal, em decorrência de expressa disciplina constitucional, estabelecendo-se sistemática que visa a prevenir risco de captura. A opção indica comprometimento com o pluralismo político, inerente à República, ademais, viabilizando o consenso e a eficiência. Todavia, ainda há o quê aperfeiçoar, na medida em que, seja na esfera federal, seja na maioria dos Estados, não se tem assegurado a representatividade de todos os interessados envolvidos na relação de prestação do serviço delegado.

15. Tendo em vista que a regulação se constitui em atividade típica do Estado, é impositivo que os servidores das agências reguladoras ostentem as necessárias garantias para o exercício de seus misteres, nomeadamente, a estabilidade, razão por que se impõe a adoção do regime estatutário, em detrimento do celetista, merecendo objeções quaisquer iniciativas nesse sentido, tal como se pretendeu por meio da Lei nº 9.986/00.

16. O poder normativo é função fundamental das agências reguladoras, não se podendo caracterizar seus atos, à luz do direito pátrio, como regulamentos autônomos, até porque lhe faltaria arrimo constitucional. No Brasil, a atividade regulatória deverá pautar por estrita obediência ao princípio da legalidade, tal como já decidiu o Supremo Tribunal Federal (ADIn nº 1.668-DF).

17. O poder de fiscalização é inerente às agências reguladoras de serviços públicos, inconfundível com o exercício do poder de polícia. Visa a impor às prestadoras e aos usuários que se conduzam conforme a lei, incumbindo-lhe a exigência de taxas de regulação e fiscalização.

18. O direito de participação, incluído entre os chamados direitos de segunda dimensão, mormente no direito alienígena, tem adquirido *status* constitucional, constituindo fator de inovação no próprio direito administrativo, com vistas à efetiva democratização da Administração Pública. O implemento da participação popular significa, última análise, valorização da própria concepção de República, na medida em que concretiza o pluralismo político, que lhe é inerente.

19. Desde que prestigiam a participação popular, as agências reguladoras se constituem em mecanismos vocacionados à correção das deficiências da democracia. Nem por isso se caracteriza incompatibilidade entre democracia representativa e democracia participativa, que, ao reverso, são suscetíveis de combinação, ressaindo o aspecto de sua complementaridade.

20. Sob pena de perderem a legitimidade democrática que lhes é inerente, as agências reguladoras devem ensejar a representação e ponderação dos interesses em questão, que envolvem relação trilateral: o poder concedente, o concessionário e o usuário.

21. A participação popular se insere no bojo do devido processo legal, na medida em que, além de outros, constitui princípio a ser seguido para instrumentalizar a realização do direito. Por isso, em homenagem à cidadania e ao pluralismo político, é mister que se

prestigie institutos que a viabilizem, como a audiência pública e a consulta pública.

22. No exercício da competência de aplicação de sanções e composição dos litígios, caberá às agências reguladoras observarem as tendências do moderno processo administrativo, atentando à publicidade e, notadamente, ao consensualismo, com vistas à efetiva pacificação social. Nesse passo, incumbir-lhes-á valerem-se de vias alternativas para a solução de conflitos, por meio dos procedimentos de mediação e de arbitragem.

23. Ainda que não ostente previsão legal no ordenamento jurídico pátrio, a mediação deve ser utilizada pelas agências, disciplinando a sua utilização em estatutos regimentais, que assegurem às partes, devidamente orientadas por um terceiro (o mediador), a produção do consenso. Quanto à arbitragem, tem-se evidenciado de notória utilidade para solver os litígios que versem direitos disponíveis. Entretanto, tal como ocorre no próprio direito comparado, sua aplicação, no Brasil, tem merecido restrições em sede de direito público, mormente em face de limitação expressa na Lei nº 9.307/96 (art. 1º). Ainda assim, porém, já há diplomas legais que lhe admitem a aplicação por agências reguladoras, hipóteses em que as vantagens do instituto poderão ser fruídas, sem risco de ilegalidade.

24. As agências reguladoras devem se forrar à influência do Poder Público, cabendo-lhes preservar o equilíbrio econômico-financeiro do contrato de concessão ou permissão. Quanto aos concessionários, o risco de captura também existe e deve ser evitado, cuidando-se para que o regime jurídico aplicável aos dirigentes das agências os deixe a salvo da influência do poder econômico, justificando-se, por exemplo, o instituto da quarentena. Por outro lado, a atividade regulatória deverá dar relevância à vulnerabilidade dos consumidores, visando a lhes assegurar, principalmente, a universalização dos serviços públicos. Ademais, deverá privilegiar a fiscalização da concorrência, até porque quaisquer abusos acarretarão presumível prejuízo ao usuário.

25. A participação popular imprime legitimidade à ação administrativa, na medida em que aproxima as decisões da Administração Pública e as políticas públicas dos interesses e valores dos diversos segmentos da sociedade. Nem por isso, tal implica rejeição da democracia representativa, que não é incompatível com a democracia participativa. Em realidade, antes de inconciliáveis, são complementares, exigindo-se, porém, que haja articulação entre ambas.

26. Nesse contexto, observa-se o avanço da consensualidade, que passa a caracterizar as decisões da Administração Pública, com evidente proveito sobre a imperatividade, inerente aos padrões do direito administrativo clássico. A consagração da consensualidade acarreta o estímulo de práticas que cultivam a transparência e a moralidade das atividades administrativas, valorizando a adoção de procedimentos decisórios em que incida a participação popular. Em conseqüência, assegura-se maior estabilidade nas relações administrativas, garantindo-se atenção a todos os interesses.

27. As Constituições modernas têm valorizado a participação popular na gestão pública, observando-se, entretanto, que a Constituição Federal de 1988 foi algo tímida, a propósito da questão. Em nível legal, porém, observa-se o estímulo a mecanismos de atuação popular, inclusive na composição de órgãos diretivos de agências reguladoras.

28. Não obstante a legitimação decorrente da participação popular, não lhe faltam opositores. Assim, não devem inibir sua prática as alegações de delongas e custos financeiros ou, até mesmo, a eventual manipulação do processo pela Administração Pública. Antes de desestimular a participação popular, caberá ao Poder Público superar os inconvenientes em prol da efetivação do princípio.

29. No direito brasileiro, seguindo antecedentes do direito comparado, as consultas públicas e as audiências públicas assomam como instrumentos de efetiva participação popular na co-gestão pública, cuja realização, quando prevista, faz-se obrigatória, acarretando sua omissão o vício do próprio procedimento. Com relação às consultas públicas, ensejam o aporte de subsídios e informações por escrito, observando-se que sua utilização ainda se demonstra incipiente. Já no tocante às audiências públicas, de aplicação crescente em outros segmentos da Administração Pública, tem sido acolhidas na legislação das agências reguladoras, oportunizando a participação oral dos interessados.

30. O ordenamento jurídico prevê que a ANATEL promoverá consultas públicas prévias a atos relevantes, especialmente, os de natureza normativa. Quanto às audiências públicas, são destinadas ao debate oral de matéria de interesse geral, com vistas a subsidiar decisões do Conselho Diretor. No âmbito da ANEEL, as consultas públicas podem se realizar previamente à edição de atos administrativos relevantes. De seu turno, as audiências públicas têm aplicação restrita aos casos de edição de atos normativos.

31. A cada ano, tem-se incrementado a realização de audiências públicas pela ANEEL. Verifica-se, porém, que as matérias de complexidade técnica não atraem o interesse dos usuários, restringindo-se a participação às concessionárias. Em contrapartida, registram-se exitosas audiências públicas, quando o objeto da convocação tenha sido auscultar os consumidores sobre a qualidade dos serviços e questões tarifárias.

32. Incumbe ao Poder Público promover condições favoráveis à participação popular, sem perder de vista a natural tendência do cidadão em se eximir ao processo, tendo em vista os ônus que daí decorrem. Na prática, é lamentável constatar que a participação popular nas consultas e audiências públicas promovidas pelas agências reguladoras se tem situado aquém das expectativas, verificando-se acanhada colaboração da sociedade na regulamentação dos serviços públicos. Ainda que o caráter técnico de determinadas questões obstaculize o acesso dos usuários, registra-se a apatia de extensos e representativos segmentos que, última análise, prejudicam a consolidação do próprio processo participativo.

33. A autonomia conferida às agências reguladoras não as isenta de controle. Assim, embora as ressalvas inerentes aos riscos de captura, submetem-se à fiscalização do Poder Executivo, quer na investidura e exoneração de seus dirigentes, quer via contratos de gestão, quer na própria elaboração do orçamento. O Poder Legislativo controla as agências, na medida em que lhe cabe participar no processo de nomeação dos dirigentes, votação da lei orçamentária e, eventualmente, nas alterações de seus regimes jurídicos. Quanto ao Ministério Público e ao Tribunal de Contas, fiscalizam as agências, de conformidade com as competências constitucionais e legais, que os legitimam ao controle da própria Administração Pública.

34. De sua vez, embora somente atue por provocação, incumbe ao Poder Judiciário o controle das agências reguladoras, adstrito ao aspecto da legalidade, em seu sentido lato, sem se adentrar no exame do mérito administrativo.

35. A participação popular no controle das agências reguladoras é decisiva para sua legitimação democrática, seja no processo de tomada de decisões, seja na prática cotidiana da fiscalização. Nesse diapasão, em todas as agências reguladoras tem-se introduzido o instituto do ouvidor, competente para a recepção de críticas, queixas e sugestões, competindo-lhe o encaminhamento de propostas para o

aperfeiçoamento dos serviços públicos. Por outro lado, as agências reguladoras têm celebrado convênios, como é o caso da ANEEL, que estabeleceu parcerias com diversas congêneres estaduais, descentralizando suas atribuições e facilitando o acesso dos usuários. Ademais, vem-se estimulando a efetiva participação dos usuários na atividade de fiscalização dos serviços, institucionalizando-se Conselhos de Consumidores e Cadastros de Usuários Voluntários.

Referências bibliográficas

ABDO, José Mário Miranda. Eletricidade – A Experiência e os Desafios da ANEEL. *In: Anais do Seminário: As Agências Reguladoras.* Rio de Janeiro: Memory – Centro de Memória Jurídica, 2004.

ABREU, Odilon Rebés. A Regulação no Sistema de Garantias do Cidadão. *In:* Marco Regulatório, *Revista da AGERGS,* n. 2, Porto Alegre: AGERGS, 1999.

AGUILLAR, Fernando Herren. *Controle Social de Serviços Públicos.* São Paulo: Max Limonad, 1999.

ALFONSO, L. Parejo. *Eficácia y Administración: Tres Estudios.* Madrid: INAP, 1995.

——. *Estado Social y Administración Pública.* Madrid: Civitas, 1983.

ALLEMAR, Aguinaldo. *Legislação de Consumo no Âmbito da ONU e da União Européia.* Curitiba: Juruá, 2002.

ALVES, Alaôr Caffé. *Saneamento Básico: Concessões, Permissões e Convênios Públicos.* Bauru: EDIPRO, 1998.

ARAGÃO, Alexandre Santos de. *Agências Reguladoras e a Evolução do Direito Administrativo Econômico.* 2. ed. Rio de Janeiro: Forense, 2003.

AZEVEDO, Fernando Costa de. *Defesa do Consumidor e Regulação.* Porto Alegre: Livraria do Advogado, 2002.

BACELLAR FILHO, Romeu Felipe. *Processo Administrativo Disciplinar.* 2. ed. São Paulo: Max Limonad, 2003.

BANDEIRA DE MELLO, Celso Antonio. *Curso de Direito Administrativo.* 16. ed. São Paulo: Malheiros, 2003.

BAPTISTA, Patrícia. *Transformações do Direito Administrativo.* Rio de Janeiro – São Paulo: Renovar, 2003.

BARROSO, Luís Roberto. Apontamentos Sobre as Agências Reguladoras. *In:* MORAES, Alexandre de (org.). *Agências Reguladoras.* São Paulo: Atlas, 2002.

——. Natureza Jurídica e Funções das Agências Reguladoras de Serviços Públicos. Limites da Fiscalização a ser Desempenhada pelo Tribunal de Contas do Estado. *In: Revista Trimestral de Direito Público,* v. 25. São Paulo: Malheiros.

BASSO, Maristela (Org.). *Mercosul: Seus Efeitos Jurídicos, Econômicos e políticos nos estados-membros.* 2. ed. Porto Alegre: Livraria do Advogado, 1997.

BENEVIDES, Maria Victória de Mesquita. Cidadania e Democracia. *Revista Lua Nova,* n. 33, 1994.

BENTO, Leonardo Valles. *Governança e Governabilidade na Reforma do Estado: Entre Eficiência e Democratização*. Barueri, São Paulo: Manole, 2003.

BIELSA, Rafael. *Derecho Administrativo*. 4. ed. Buenos Aires: El Ateneo, 1951, 3 t.

BOBBIO, Norberto. *Estado, Governo e Sociedade*. 8. ed. São Paulo: Paz e Terra, 2000.

BRESSER PEREIRA, Luiz Carlos. *Reforma do Estado para a Cidadania – A Reforma Gerencial Brasileira na Perspectiva Internacional*. Brasília: ENAP, 2002.

BRUNA, Sérgio Varella. *Agências Reguladoras: Poder Normativo, Consulta Pública, Revisão Judicial*. São Paulo: Revista dos Tribunais, 2003.

BUCCI, Maria Paula Dallari. *Direito Administrativo e Políticas Públicas*. Rio de Janeiro: Saraiva, 2002.

BUENO, Vera Scarpinella. Devido Processo Legal e a Administração Pública no Direito Administrativo Norte-Americano. *In:* FIGUEIREDO, Lúcia Valle (Coord.). *Devido Processo Legal na Administração Pública*. São Paulo: Max Limonad, 2000.

CAETANO, Luiz Antunes. *Arbitragem e Mediação*. São Paulo: Atlas, 2002.

CALCAGNO, Alfredo Eric e CALCAGNO, Eric. La Privatización del Poder. *LE MONDE diplomatique*. Junho 2004, ano V, número 60.

CALOVI, Stelamaris. Mediação e Arbitragem na Atividade Regulatória. *In:* Marco Regulatório, *Revista da AGERGS*, n. 4, Porto Alegre: AGERGS, 2001.

CANOTILHO, José Joaquim Gomes. *Direito Constitucional*. 6. ed. Coimbra: Almedina, 1993.

CARBAJO, Joel. *Droit des Services Publics*. 3. ed. Paris: Dalloz, 1997.

CARVALHO FILHO, José dos Santos. *Processo Administrativo Federal*. Rio de Janeiro: Lumen Juris, 2001.

CHAMPEIL-DESPLATS, Véronique. Services d'Intérêt Économique General, Valeurs Communes, Cohésion Social et Territoriale, AJDA n° 12. Paris: 1999, *apud* JUSTEN, Mônica Spezia. *In*: A Noção de Serviço Público no Direito Europeu. São Paulo: Dialética, 2003.

CHEVALIER, Jacques. La reforme de l'État et la conception française du service public'. *In:* FORGES, et al. *Réformer les administrations. Le dilemme entre unité et diversité*. Paris: La documentation française, 1998.

CÍCERO, Nídia Karina. *Servicios Públicos: Control y Protección*. Buenos Aires: Ciudad Argentina, 1996.

CLÈVE, Clemerson. *Temas de Direito Constitucional*. São Paulo: Acadêmica, 1993.

COELHO, Fábio Ulhoa. *Direito Antitruste Brasileiro: Comentários à Lei n° 8.884/94*. São Paulo: Saraiva, 1995.

COUTO E SILVA, Almiro. Os indivíduos e o Estado na Realização das Tarefas Públicas. *Revista de Direito Administrativo*, v. 209.

CRAIG, Paul. *Administrative Law*. 4. ed. London: Sweet & Maxwell, 1999.

CUÉLLAR, Leila. *As Agências Reguladoras e seu Poder Normativo*. São Paulo: Dialética, 2001.

DALLARI, Adilson. *O que é funcionário público*. São Paulo: Brasiliense, 1989.

DAROCA, Eva Desdentado. *La Crisis de Identidad del Derecho Administrativo: Privatización, Huida de la Regulación Pública y Administraciones Independientes*. Valencia: Tirant lo Blanch, 1999.

DI PIETRO, Maria Sylvia Zanella. *Direito Administrativo*. 15. ed. São Paulo: Atlas, 2002.

——. *Parcerias na Administração Pública*. São Paulo: Atlas, 1999.

DROMI, Roberto. *Empresas Publicas – De Estatales a Privadas*. Buenos Aires: Ciudad Argentina, 1997.

EBERLEIN, Burkard. *Regulating Public Utilities in Europe:* Mapping the Problem. EUI Working Paper, RCS, 98/42.

ENTERRÍA, Eduardo Garcia de e outro. *Curso de Direito Administrativo*. Trad. por Arnaldo Setti. São Paulo: Revista dos Tribunais, 1991.

FAGUNDES, Márcia Margarete. Teoria da Captura do Regulador de Serviços Públicos. *In:* SOUTO, Marcos Juruena Villela; MARSHALL, Carla C. (Coorden.). *Direito Empresarial Público*. Rio de Janeiro: Lumen Juris, 2002.

FELDMAN, Maria Augusta. *Conferência prestada em Curso de Pós-Graduação do Tribunal de Contas da União*. Brasília, agosto de 2003.

FERREIRA NETO, Arthur e outros. Aneel – Agência Nacional de Energia Elétrica. *In*: MOLL, Luíza Helena (Org.). *Agências de Regulação do Mercado*. Porto Alegre: Editora da UFRGS, 2002.

FIGUEIREDO, Lúcia Valle. *Curso de Direito Administrativo*. 6. ed. São Paulo: Malheiros, 2003.

——. Instrumentos da Administração Consensual. A Audiência Pública e sua Finalidade. *In:* MOREIRA NETO, Diogo de Figueiredo (Coord.). *Uma Avaliação das Tendências Contemporâneas do Direito Administrativo*. Rio de Janeiro – São Paulo: Renovar, 2003.

——. *Interesse Público*. Porto Alegre: Notadez, 2002, v. 18.

FIGUEIREDO, Pedro Henrique Poli de. *A Regulação do Serviço Público Concedido*. Porto Alegre: Síntese, 1999.

FONSECA, João Bosco Leopoldino da. *Direito Econômico*. Rio de Janeiro: Forense, 1995.

FREITAS, Juarez. *Agência Nacional dos Transportes Aquaviários – Princípio da Segurança Jurídica. Interesse Público*. Porto Alegre: Notadez ,2003, v. 20.

——. *Estudos de Direito Administrativo*. 2. ed. São Paulo: Malheiros, 1997.

——. O Princípio da Democracia e o Controle do Orçamento Público Brasileiro. *In: Interesse Público*. Porto Alegre: Notadez, 2002, vol. Especial.

GARCIA, Jorge Sarmiento. *Concesión de Servicios Públicos*. Buenos Aires: Ciudad Argentina, 1996.

GASPARINI, Diógenes. *Direito Administrativo*. 5. ed. São Paulo: Saraiva, 2000.

GORDILLO, Agustin A. *Tratado de Derecho Administrativo. La defensa del usuário y del administrado*. 4. ed. Buenos Aires: Fundación de Derecho Administrativo, 2000, t. 2.

GRAU, Eros Roberto. *A Ordem Econômica da Constituição de 1988*. 4. ed. São Paulo: Malheiros, 1998.

GROTTI, Dinorá Adelaide Musetti. *O Serviço Público e a Constituição Brasileira de 1988*. São Paulo: Malheiros, 2003.

GUERRA, Sérgio. *Controle Judicial dos Atos Regulatórios*. Rio de Janeiro: Lumen Juris, 2005.

GUIMARÃES, Márcio Souza. Ministério Público, Ombudsman e Ouvidor na Fiscalização dos Serviços Públicos. *In:* SOUTO, Marcos Juruena Villela; MARSHALL, Carla C. (Coorden.). *Direito Empresarial Público.* Rio de Janeiro: Lumen Juris, 2002.

GUTERMAN, Débora. Para IDEC, ANEEL é o melhor órgão regulador e o Banco Central, o pior. *Valor Econômico.* 12/03/2003, Ano 4, A5.

HERRERO, Mariano Magide. *Límites Constitucionales de las Administraciones Independientes.* Madrid: Ministério de Administraciones Públicas, 2000.

HESSE, Konrad. *Fundamentos de Direito Constitucional da República Federal da Alemanha.* Trad. por Luís Afonso Heck. Porto Alegre: Sérgio Antonio Fabris, 1998.

JUSTEN FILHO, Marçal. As Diversas Configurações da Concessão de Serviço Público. *Revista de Direito Público da Economia.* Belo Horizonte: Fórum, 2003.

——. *Comentários à Lei de Licitações e Contratos Administrativos.* São Paulo: Dialética, 2000.

——. *Concessões de Serviços Públicos.* São Paulo: Dialética, 1997.

——. *O Direito das Agências Reguladoras Independentes.* São Paulo: Dialética, 2002, p. 30.

JUSTEN, Mônica Spezia. *A Noção de Serviço Público no Direito Europeu.* São Paulo: Dialética, 2003.

LEHFELD, Lucas de Souza. ANATEL e as Novas Tendências na Regulamentação das Telecomunicações no Brasil. *In:* MORAES, Alexandre (Org.). *Agências Reguladoras.* São Paulo: Atlas, 2002.

LEMES, Selma Maria Ferreira. *Anais do Seminário Jurídico sobre Concessões de Serviços Públicos (8 e 9/6/2001),* promovido pela Escola Nacional da Magistratura e Academia Internacional de Direito e Economia.

LUHMANN. *Legitimação pelo Procedimento.* Trad. por Maria da Conceição Corte-Real. Brasília: UnB, 1980.

MACEDO JUNIOR, Ronaldo Porto. A Proteção dos Usuários de Serviços Públicos – A Perspectiva do Direito do Consumidor. *In:* SUNDFELD, Carlos Ari (Coord.). *Direito Administrativo Econômico.* São Paulo: Malheiros, 2000.

MACHADO, Paulo Afonso Leme. *Direito Ambiental Brasileiro.* 5. ed. São Paulo: Malheiros, 1995.

MARCOU, Gérard. *In: Les Mutations du Droit de L'administration en Europe.* Paris: LHarmattan, 1995.

MARQUES NETO, Floriano Azevedo. A Nova Regulação Estatal e as Agências Independentes. *In:* SUNDFELD, Carlos Ari (Coord.). *Direito Administrativo Econômico.* São Paulo: Malheiros, 2000.

——. *Agências Reguladoras – Instrumentos do Fortalecimento do Estado.* São Paulo: ABAR, 2003.

MARTINS JÚNIOR, Wallace Paiva. *Transparência Administrativa – Publicidade, motivação e participação popular.* São Paulo: Saraiva, 2004.

MATA, Ismael. *Los entes reguladores de los servicios públicos.* El derecho administrativo argentino, hoy. Buenos Aires: Ciencias de la Administración, 1996 (traduzido).

MATTOS, Paulo Todescan Lessa. Agências Reguladoras e Democracia: Participação Pública e Desenvolvimento. *In:* SALOMÃO FILHO, Calixto. *Regulação e Desenvolvimento.* São Paulo: Malheiros, 2002.

MEDAUAR, O. *O Direito Administrativo em Evolução.* São Paulo: Revista dos Tribunais, 1992.

———. *A Processualidade no Direito Administrativo.* São Paulo: RT, 1993.

———. *Direito Administrativo Moderno.* São Paulo: Revista dos Tribunais, 1986.

MEIRELLES, Hely Lopes. *Direito Administrativo Brasileiro.* 28. ed. São Paulo: Malheiros, 2003.

MENDES, Conrado Hübner, Reforma do Estado e Agências Reguladoras: Estabelecendo os Parâmetros de Discussão. *In:* SUNDFELD, Carlos Ari (Coorden.). *Direito Administrativo Econômico.* São Paulo: Malheiros, 2000.

MENEZELLO, Maria D'Assunção Costa. *Agências Reguladoras.* São Paulo: Atlas, 2002.

MIRANDA, Jorge. A Administração Pública nas Constituições Portuguesas. *Revista de Direito Administrativo,* v. 183, 1991.

MIRANDA, Luiz. Participação Cidadã e Eficiência Regulatória: Brevíssima Reflexão Sobre a Experiência das Audiências Públicas da AGERGS em 2002. *In:* Marco Regulatório, *Revista da AGERGS,* n. 6 Porto Alegre: AGERGS, 2002.

MORAES, Alexandre de. *Direito Constitucional.* 11. ed. São Paulo: Atlas, 2002.

MORAES, Maria Celina Bodin de. *Danos à Pessoa Humana: Uma Leitura Civil-Constitucional dos Danos Morais.* Rio de Janeiro – São Paulo: Renovar, 2003.

MOREIRA, Egon Bockmann. "As Agências Executivas Brasileiras e os 'Contratos de Gestão'".*Revista de Direito Administrativo,* n. 229, jul/set 2002.

———. *Processo Administrativo – Princípios Constitucionais e a Lei 9.784/99.* São Paulo: Malheiros, 2000.

MOREIRA, Vital. O Problema Constitucional dos Serviços Públicos. *Revista de Direito Público da Economia* – RDPE. Belo Horizonte: Forum, 2003, v. 01.

———. Os Serviços Públicos Tradicionais sob o Impacto da União Européia. *Revista de Direito Público da Economia.* Belo Horizonte: Forum, 2003.

———. Por Uma Regulação ao Serviço da Economia de Mercado e do Interesse Público: a "Declaração de Condeixa". *Revista de Direito Público da Economia.* Belo Horizonte: Forum, 2003, v. 01.

MOREIRA NETO, Diogo de Figueiredo. Consideraciones sobre la Participación em el Derecho Comparado Brasil – Espana. *Revista de Administración Pública,* n. 152, maio/agosto 2000.

———. *Mutações do Direito Administrativo.* 2. ed. Rio de Janeiro – São Paulo: Renovar, 2001.

MORENILLA, José Maria Souvirón. *La Actividad de la Administración y el Servicio Público.* Granada: Comares, 1998.

MOTTA, Paulo Roberto Ferreira. *Agências Reguladoras.* Barueri: Manole, 2003.

MUÑOZ, Guillermo. Os Entes Reguladores como Instrumentos de Controle dos Serviços Públicos no Direito Comparado. *In:* SUNDFELD, Carlos Ari (Coorden.). *Direito Administrativo Econômico.* São Paulo: Malheiros, 2000.

NATALINO, Irti. L'etá della decodificazione. 3. ed. Milano: Giuffrè, 1989. *In:* MOREIRA NETO, Diogo de Figueiredo. *Direito Regulatório.* Rio de Janeiro – São Paulo: Renovar, 2003, p. 156.

NUNES, Gustavo Vanini e outros. A Ordem Econômica na Constituição de 1988. *In:* MOLL, Luíza Helena (org.). *Agências de Regulação de Mercado.* Porto Alegre: UFRGS, 2002.

NUNES, Simone Lahorgue, *Os Fundamentos e os Limites do Poder Regulamentar no âmbito do Mercado Financeiro.* São Paulo: Renovar, 2000.

PAULO, Vicente e outro. *Agências Reguladoras.* Rio de Janeiro: Impetus, 2003.

PAZZAGLINI FILHO, Marino e outros. *Improbidade Administrativa.* 3. ed. São Paulo: Atlas, 1998.

PEREIRA JUNIOR, Jessé Torres. *Da Reforma Administrativa Constitucional.* Rio de Janeiro: Renovar, 1999.

PEREZ. R. Autoritá Independenti e Tutela dei Diritti. *Rivista Trimestrale di Diritto Pubblico.* Milano, n. 1, 1996 (115-185).

PINTO, Bilac. *Regulamentação Efetiva dos Serviços Públicos de Utilidade Pública.* Rio de Janeiro: Forense, 1941.

PUCCINELLI, Oscar Raúl. *Derechos Humanos e SIDA.* Buenos Aires: Depalma, 1995, tomo I.

PULINO, Marcos Vinicius. Equilíbrio Econômico-Financeiro dos Contratos de Concessão para Prestação do Serviço Público de Distribuição de Energia Elétrica. *In:* ROCHA, Bolívar Moura (Org.). *A Regulação da Infra-estrutura no Brasil – Balanço e Propostas.* São Paulo: IOB – Thomson, 2003.

REALE, Miguel. *Nova Fase do Direito Moderno.* São Paulo: Saraiva, 1990.

RIVERO, Jean. *Direito Administrativo.* Trad. por Doutor Rogério Ehrardt Soares. Coimbra: Almedina,1981.

ROCHA, Cármen Lúcia Antunes. *Estudo sobre Concessão e Permissão de Serviço Público no Direito Brasileiro.* São Paulo: Saraiva, 1996.

RUARO, Regina Linden. *Reforma Administrativa e Consolidação da Esfera Pública Brasileira: O Caso do Orçamento Participativo no Rio Grande do Sul.* Porto Alegre: Notadez, 2003, v. 19.

SANTOS, Boaventura de Souza e AVRITZER, Leonardo. *In:* SANTOS, Boaventura de Souza (org.). *Democratizar a Democracia.* Rio de Janeiro: Civilização Brasileira, 2002.

SANTOS, Chico. Reajuste de Luz em São Paulo frustra BNDES. *Folha de São Paulo.* São Paulo: 05/07/2003, B2.

SANTOS, Jair Lima. *Tribunal de Contas da União & Controles Estatal e Social da Administração Pública.* Curitiba: Juruá, 2003.

SARLET, Ingo. *A Dignidade da Pessoa Humana e Direitos Fundamentais na Constituição Federal de 1988.* 2. ed. Porto Alegre: Livraria do Advogado, 2000.

———. *A Eficácia dos Direitos Fundamentais.* 2. ed. Porto Alegre: Livraria do Advogado, 1998.

SARMENTO, Daniel. *A Ponderação de Interesses na Constituição Federal.* Rio de Janeiro: Lumen Juris, 2000.

SCHIER, Adriana da Costa Ricardo. *A Participação Popular na Administração Pública: o Direito de Reclamação.* Rio de Janeiro – São Paulo: Renovar, 2002.

SHETH, D.L. Micromovimentos na Índia: para uma nova política de democracia participativa. *In:* SANTOS, Boaventura de Souza (org.). *Democratizar a Democracia.* Rio de Janeiro: Civilização Brasileira, 2002.

SILVA, Fernando Quadros da. *Agências Reguladoras.* Curitiba: Juruá, 2002.

SILVA, Ilse Gomes. *Democracia e Participação na "Reforma do Estado".* São Paulo: Cortez, 2003.

SILVA, José Afonso da. *A dignidade da pessoa humana como valor supremo da democracia.* Revista de Direito Administrativo, n. 212, 1988.

——. *Direito Constitucional Positivo.* 18. ed. São Paulo: Malheiros, 2000.

SOARES, Fabiana de Menezes. *Direito Administrativo de Participação.* Belo Horizonte: Del Rey, 1997.

SOUTO, Marcos Juruena Villela. *Agências Reguladoras*, RDA 216: 143-146.

——. *Desestatização: Privatização, Concessões, Terceirizações e Regulação.* 4. ed. Rio de Janeiro: Lumen Juris, 2001.

——. *Direito Administrativo Regulatório.* Rio de Janeiro: Lumen Juris, 2002.

SUNDFELD, Carlos Ari. Introdução às Agências Reguladoras. *In: Direito Administrativo Econômico.* São Paulo: Malheiros, 2000.

TAVARES, Fernando Horta. *Mediação e Conciliação.* Belo Horizonte: Mandamentos, 2002.

TEIXEIRA, Elenaldo Celso. *O Local e o Global – Limites e Desafios da Participação Cidadã.* São Paulo: Cortez; Recife: EQUIP; Salvador: UFBA, 2001.

TELLES, Vera. Sociedade Civil, Direitos e Espaços Públicos. *In:* VILLA-BÔAS, Renata (org.). *Participação Popular nos Governos Locais.* São Paulo: Polis, publ. n. 14.

TEPEDINO, Gustavo. *Temas de Direito Civil.* Rio de Janeiro: Renovar, 1999.

TOJAL, Sebastião Botto de Barros. Controle Judicial da Atividade Normativa das Agências Reguladoras. *In:* MORAES, Alexandre de. *Agências Reguladoras.* São Paulo: Atlas, 2002.

WALZER, Michael. *Da Tolerância.* São Paulo: Martins Fontes, 1999.

WOLKMER, Antonio Carlos. Crise de Representação e Cidadania Participativa na Constituição Brasileira de 1988. *In:* SARLET, Ingo Wolfgang (Org.). *O Direito Público em Tempos de Crise.* Porto Alegre: Livraria do Advogado, 1999.

YOUNG, Iris Marion. Comunicação e o Outro: Além da Democracia Deliberativa. *In:* SOUZA, Jessé (org.). *Democracia Hoje: Novos Desafios para a Teoria Democrática Contemporânea.* Brasília: UNB, 2001.

Índice alfabético remissivo

Adjudication 101
Administração por colegiado 56, 89
Administrative Procedural Act – APA 26, 100, 111
Agência Estadual de Serviços Públicos Delegados do Rio Grande do Sul - AGERGS 51, 55, 59, 60, 76, 79, 84, 85, 90, 112, 122, 123, 142, 144, 147,
Agência Nacional de Energia Elétrica - ANEEL 31, 50, 55, 57, 58, 61, 64, 65, 67, 70, 72, 73, 85, 90, 124, 125-131, 134, 140-144, 150-152
Agência Nacional de Telecomunicações - ANATEL 31, 50, 51, 55, 57, 59, 61, 65, 67, 70, 73, 85, 87, 88, 90, 112, 123-126, 130-135, 141, 143, 147, 150
Agências estaduais 55, 142
Agências executivas 30, 146,
Agências municipais 56
Agências reguladoras federais 30, 55-57, 65, 90
Agencies 100
Alemanha 50, 76, 96, 116
América Latina 118
Argentina 28, 76, 108, 118, 121
Arbitragem 71, 75, 77-80, 149
Atividade exclusiva do Estado 66
Audiência pública 99, 100-102, 116, 118-129, 144, 149,
Austrália 76
Autarquia 30, 54-55, 58, 73, 90, 134-136, 141
Autarquias de regime especial 55
Autonomia 52-66, 73
Autoridades independentes 26, 27, 28

Banco Central do Brasil 29
Banco Mundial 53

Cadastro de Usuários Voluntários 144

Características das agências européias 28, 95
Carta dos Direitos Fundamentais da União Européia 40
Cidadania 35, 44, 45, 97, 98, 105, 148
Código de Defesa do Consumidor 37, 38, 115
Colômbia 109, 142
Comissão de Valores Mobiliários 29, 69, 145
Comissão dos Serviços Públicos de São Paulo – CSPE 90
Comitê de Defesa dos Usuários de Serviços de Telecomunicações 143
Common Calling 25
Companhia Estadual de Energia Elétrica do Rio de Janeiro – CERJ 136
Comunidade Econômica Européia 26, 38, 39, 40, 41, 46
Conceito de agência reguladora 23
Conceito de regulação 23
Concorrência 86, 87
Congresso Nacional 66, 134, 135
Conselho Administrativo de Defesa Econômica - CADE 30, 87, 88, 137
Conselho Monetário Nacional 29, 69, 145
Conselhos de Consumidores de Energia Elétrica 143
Consensualidade 73, 77, 107, 108, 149, 150
Consulta pública 55, 65, 100, 116, 123, 150
Constitucionalidade das agências 52, 147
Constitucionalismo 93
Constitucionalização do direito administrativo 93, 97
Contaminação de interesses 53, 92
Contrato de gestão 50, 58, 63-65, 73, 134, 147
Controle jurisdicional 50, 72, 135, 138
Convênios 55, 56, 61, 140, 141, 142, 152
Custos da oportunidade da participação 130

Deficit de participação 129-132
Democracia direta 105
Democracia participativa 97, 106, 113, 148, 149
Democracia representativa 105, 106, 113, 114, 148, 149
Democratização do direito administrativo 94
Descodificação 94
Desestatização 28, 30, 123, 145, 146
Dignidade da pessoa humana 34, 35, 42, 43, 145, 146
Direito comunitário europeu 38, 40, 147
Direito de greve 36
Direitos fundamentais 28, 40, 93, 94-96, 104, 145

Eficiência 36, 88, 98, 99, 102, 108, 113, 127, 137, 138
Enquetes 116
Entes reguladores 28
Equação econômico-financeira dos contratos 42, 56
Espanha 28, 34, 39, 50, 76, 79, 95, 108, 110, 116, 145
Estado do Bem-estar 32
Estado financiador do serviço público concedido 46
Estados Unidos da América 25, 26, 49, 56, 58, 75, 93, 118, 145, 147
Europa 26, 27, 49, 145, 147
Exclusão social 43, 86, 115, 146
Exoneração dos dirigentes 29, 51, 58, 59, 86, 92, 147, 151

Fator X 127
França 27, 28, 39, 49, 63, 76, 79, 93, 98, 116, 145
Função jurisdicional das agências 71, 72

Grã-Bretanha 39

Humphrey Executor vs EUA 58

Inclusividade 43
Información pública 116
Inglaterra 25, 27, 76, 145
Interesses tutelados 82-95
Investidores estrangeiros 52, 53, 83
Itália 96, 116

Livre concorrência 88

Mandato certo 29, 51, 89, 134, 147
Mediação 71, 74-77, 149
Ministério Público 133, 136, 143, 151
Munn vs Illinois 25

Neoliberalismo 32
New Deal 24, 25
Nomeação de dirigentes 28, 29, 51, 52, 56-60, 64, 90, 147, 151

Ouvidorias 141

Participação falsificada 114
Participação popular 44, 45, 96, 97, 99, 101-115, 119, 123, 124, 127-129, 139, 140, 148-151
Plano Diretor da Reforma do Aparelho do Estado 33
Pluralidade 44, 56, 57,
Pluralismo político 45, 97, 105, 147, 148
Poder de fiscalização 70, 148
Poder normativo 49, 51, 67, 87, 105, 147, 148
Políticas públicas 25, 116
Portugal 95
Princípio da isonomia 45
Princípio da solidariedade 41-43, 147
Princípio da unidade de jurisdição 71, 137
Princípio da universalidade 46, 86
Princípio do arquivo aberto 104
Processualidade administrativa 105
PROCON 90, 143
Proteção do consumidor 71
Publicidade 72, 92, 105, 118, 120, 124, 125, 149

Quarentena 86, 92, 149

Reforma Administrativa 30, 82, 98, 99, 146
Regulamentos 68, 69, 72, 148
Revolving door 91
Risco da concussão 91
Risco de captura 52, 53, 58, 60, 61, 85, 88, 89, 91, 92, 147, 149
Rulemaking 100

Segunda Grande Guerra Mundial 43
Senado Federal 29, 51, 57, 90, 112, 134, 141, 147
Serviço adequado 34-38, 74, 115, 146,
Servidores 29, 60, 66-67, 90
Sistema representativo 81
Soft administration 107
Solução de conflitos 71, 75, 76, 108, 143, 149
Subsídios públicos 47, 83
Superior Tribunal de Justiça 37, 38, 41, 146
Supervisão ministerial 54, 63
Supremo Tribunal Federal 51, 58, 59, 62, 69, 82, 117, 147, 148
Suspensão de serviço público por inadimplemento do usuário 37, 41, 136, 146

Tarifas 34, 36, 46, 84, 89, 123, 127, 129, 143
Taxas de fiscalização 56, 61, 71, 89, 134, 148
Tolerância 43, 44
Tratado de Amsterdã 39
Tratado de Maastricht 39
Tratado de Roma 38
Tribunal de Contas da União 79, 135
Tutela 63, 86

Vulnerabilidade do usuário 40, 86

Welfare State 32,146

Impressão:
Editora Evangraf
Rua Waldomiro Schapke, 77 - P. Alegre, RS
Fone: (51) 3336.2466 - Fax: (51) 3336.0422
E-mail: evangraf@terra.com.br